포스트 스마트폰,
경계의 붕괴

포스트 스마트폰, 경계의 붕괴
3년 후 IoT 전쟁, 모든 것이 ON되는 세상이 온다

초판 1쇄 발행 2013년 4월 17일 초판 7쇄 발행 2014년 11월 27일

지은이 김지현 펴낸이 연준혁

출판 6분사 분사장 이진영
편집장 정낙정
편집 박지수 최아영
제작 이재승

펴낸곳 ㈜위즈덤하우스
출판등록 2000년 5월 23일 제 13-1071호
주소 경기도 고양시 일산동구 정발산로 43-20 센트럴프라자 6층
전화 031-936-4000 팩스 031-903-3895
홈페이지 http://www.wisdomhouse.co.kr 전자우편 wisdom6@wisdomhouse.co.kr
종이 월드페이퍼 | 인쇄·제본 ㈜현문 | 특수가공 이지앤비_특허 제 10-1081185

값 14,000원 ⓒ 김지현 ISBN 978-89-6086-598-3 13320

* 잘못된 책은 바꿔드립니다.
* 이 책의 전부 또는 일부 내용을 재사용하려면 사전에 저작권자와
  ㈜위즈덤하우스의 동의를 받아야 합니다.

국립중앙도서관 출판시도서목록(CIP)

포스트 스마트폰, 경계의 붕괴 / 김지현 지음. -- [고양]
: 위즈덤하우스, 2013
  p. ;   cm

권말부록: 2014년까지의 ICT 10대 주요 핵심 키워드
ISBN 978-89-6086-598-3 13320 : ₩14000

사회 변동[社會變動]

331.5412-KDC5
303.4833-DDC21   CIP2013002221

3년 후 IoT 전쟁, 모든 것이 ON되는 세상이 온다

포스트 스마트폰, 경계의 붕괴

김지현 지음

위즈덤하우스

차례

프롤로그_ ALL ON · 6

| 1부 |
IoT, 이용하지 않으면 이용당한다
개인과 사회를 변화시키는 기술의 힘

소유의 종말, 연결의 시대가 온다 · 13
함께하고 나누고 합하는 사회 · 21
상품의 개발과 마케팅에 참여하는 사용자 · 32
서비스가 소비자를 찾아가는 시대 · 41
멀티태스킹을 하는 사람들 · 51
현실, 가상, 환상이 하나로 통합되는 세상 · 62
개인의 일상과 반응이 가치를 만든다 · 74

2부

스마트폰 이후, 비즈니스 기회는 어디 있는가
기술이 가져올 비즈니스 혁신

ICT, 모든 산업을 삼키다	• 87
스마트폰 이후 태블릿, SNS 이후 LBS	• 98
디지털 경제를 완성시킬 IoT	• 109
지금 비즈니스는 빅데이터 전쟁 중	• 127
방송의 패러다임을 바꾸는 스마트폰과 스마트TV	• 144
앱과 웹, 그리고 위젯의 끝없는 혁신	• 166
괴물이 될 수 있는 ICT 플랫폼	• 180

3부

디지털 컨버전스 시대, 시시각각 진화하라
경계가 사라지는 세상에서 위기를 기회로 만드는 방법

승자가 모든 것을 갖는 ICT 생태계 전쟁	• 193
플랫폼 전쟁에서 살아남는 전략	• 206
혁신에 대처하는 우리의 자세는 무엇인가	• 220

부록_ 2014년까지의 ICT 10대 핵심 키워드	• 239

:: **프롤로그**

ALL ON

\# 오전 7시 2분, 베개에서 기분 좋은 소리가 들리고, 머리맡에 올려둔 방향제에서 은은한 향기가 퍼지고, 거실 커튼이 열리며 잠을 깬다. 알람은 7시로 설정했지만 베개 속에 내장된 센서가 수면패턴을 분석해서 가장 상쾌하게 깰 수 있는 시간을 찾아 깨워준다. 욕실 샤워룸에 들어서는 순간 평소 사용하는 온도로 데워진 물이 기분 좋게 몸을 적셔준다. 봄, 여름, 가을, 겨울에 맞춰, 가족 개개인을 인식해서 알맞은 온도를 찾아준다. 양치질을 하면서 거울에 표시되는 오늘 오전 9시 30분 외근 미팅과 11시 회사 업무회의 등의 스케줄과 날씨 등을 확인하고, 오늘 입고 나갈 옷을 체크한다. 아파트 현관을 나서는 순간 이미 엘리베이터 버튼은 자동으로 눌러져 있어, 기다리는 시간을 줄일 수 있다. 자동차에 다가가는 순간 스마트폰과 자동차가 연결되어 문이 열리고 운전석에 앉는 순간 시동이 걸린다. 차량 내 대시보드에 스마트폰을

올려놓으면, 9시 30분에 미팅해야 하는 장소를 인식해서 해당 위치까지 가는 가장 빠른 시간인 9시 10분의 경로와 최단거리로 갈 경우 도착할 수 있는 9시 20분의 경로를 함께 표시해준다.

\# 스포츠 마니아인 김 대리는 아마추어 마라톤 대회 출전 때문에 주말마다 연습을 게을리 하지 않고 있다. 매일 아침 디지털 체중계에 올라 체지방과 체중을 측정하면서 3개월간 체중관리를 해왔다. 물론 매주 스마트 시계를 이용해 측정한 내역(조깅코스, 시간, 맥박과 심박수의 변화, 거리 등)을 분석해서 어떤 연습을 추가로 하는 것이 좋을지 분석하고 관리해왔기에 실력은 일취월장했다. 오늘 드디어 그 실력을 검증받을 대회 참가 날이다. 스마트 안경과 시계를 착용하고 대회에 출전한 김 대리는 출발선 앞에서 안경에 비친 오늘의 경로를 훑어보면서 마음을 다잡는다. 안경에는 오늘의 날씨와 시계를 통해 측정된 맥박수와 컨디션이 표시된다. 오늘 대회에 참가한 사람 중에 작년 대회 출전해서 1등, 3등을 한 경쟁자의 얼굴과 프로필을 검색한 후 이리저리 둘러보니 등번호 33번과 21번을 단 작년 우승자를 찾을 수 있었다. 긴장된 마음을 이완하기 위해 마인드 컨트롤을 할 수 있는 음악을 검색해 안경에 달린 골전도 스피커를 통해 들으면서 스타트 소리를 기다린다.

이처럼 향후 ICT 변화의 핵심 축은 '모든 사물'에 컴퓨팅과 네트워크 기능이 탑재되는 것이다. 바야흐로 IoT(Internet of Things)의 시대이다. 이 변화가 왜 중요할까? 이미 우리는 휴대폰에 컴퓨팅 프로세서가 내장되고 인터넷에 연결되면 새로운 가치가 만들어지는 것을 체험했다. 현재 우리는 PC를 충분히 사용할 수 있는 곳에서도 스마트폰을 쓴다. 디바이스의 사용 시간이 줄어들면 그만큼 비즈니스의 기회도 줄어들게 된다. 스마트폰 하나로 비즈니스 모델이 변화하고 새로운 비즈니스가 창출되며 산업 구조가 바뀐 것이다.

마찬가지로 거울, 체중계, 자동차, 문, 안경, 시계 등 우리 주변의 사물들이 인터넷에 연결되면 새로운 가치가 만들어지게 된다. 컴퓨팅과 인터넷을 하는 것이 컴퓨터, 스마트폰, 태블릿 등의 컴퓨팅 장치에서만 가능한 것이 아니라 우리 주변의 사물들에서도 보이지 않게 컴퓨팅을 하는 시대가 유비쿼터스 시대이다. 그런 시대가 스마트폰 이후의 ICT 시대이고 이는 PC가 만든 웹 비즈니스, 스마트폰이 만든 앱 비즈니스보다 더 큰 삶, 사회, 산업의 변화를 만들 것이다.

예를 들어보자. 스마트폰 속 애니팡, 다함께 차차차로 인해 기존의 PC 기반의 인터넷 게임이 영향을 받은 것보다 무가지 시장이 큰 영향을 받았다. 사람들이 지하철과 버스에서 더 이상 〈벼룩시장〉이나 〈교차로〉 같은 생활정보지를 보지 않고 모바일 게임만 하다 보니 결국 사람들의 출퇴근 시간을 지배하던 무가지가 모바일 게임에 자리를 내어준 것이다. 무가지 시장은 갈수록 비즈니스의 기회를 잃어가고 있으며 수익 역시 줄어들고 있다. 즉, 새로운 ICT 기술은 기존 ICT는 물론이거니와 전혀 관련 없을 것처럼 보이는 다른 산업에도 영향을 주게 된다.

앞서 살펴본 사례에서의 베개, 알람시계, 거울, 욕실, 엘리베이터, 자동차, 안경, 시계 등의 다양한 사물들이 인터넷에 연결되면서 펼쳐진 새로운 세상은 산업의 패러다임을 크게 바꾸게 될 것이다. 오클리, 다빈치 안경 등의 안경 전문 기업이 구글이나 올림푸스와 같은 ICT 기업이 만든 안경으로 인해 비즈니스의 기회를 잃을 우려가 있다. 가구를 만들던 회사는 "침대는 가구가 아닙니다. 과학입니다"라는 광고 카피처럼 ICT를 기반으로 상품 기획을 해야 하는 것이 앞으로 중요한 과제가 될 것이다.

제품을 만들어 판매하며 10% 가량의 이익을 챙기던 제조업의 비즈니스는 이미 진부하다. 제품을 통해 제공되는 서비스를 기반으로 지속적인 부가가치를 창출하는 모델로 변화해야 살아남는다. 구글, 애플, MS와 같은 서비스 사업자들이 제품을 제조하기 시작하면서 제조업에 새로운 변화의 바람이 분 것을 보라. 수많은 사물이 인터넷에 연결되면 이를 기반으로 한 서비스가 새로운 가치를 만든다. ICT가 0차 산업이 되어 모든 산업의 근간이 되는 것이다.

IoT의 시대에는 우리 주변의 사물들에 센서와 컴퓨터 프로세서 그리고 네트워크 기능이 탑재되어 많은 데이터를 생산하고 축적하게 된다. 체중계, 안경, 시계 등을 통해서 확보된 사람들의 데이터는 기존에는 파악할 수 없었던 사람들의 생활 속 행동(behavior) 정보를 파악할 수 있도록 해줄 것이다. 이렇게 파악된 정보는 현실을 정확하게 진단할 수 있도록 해주고, 내일을 예측할 수 있도록 해줌으로써 새로운 비즈니스의 기회와 가치를 창출해줄 것이다. 사람들이 언제, 어디서, 무엇을,

어떻게 사용하는지를 분석해 그들이 왜 그렇게 행동하는지, 그리고 앞으로 무엇을 어떻게 좋아할 것인지를 예측할 수 있을 것이다. 이러한 정보로 인해 광고, 마케팅 그리고 상품기획에 혁신적인 변화가 일어나고, 결국 새로운 산업의 패러다임이 우리 앞에 다가올 것이다.

이 책에서는 향후 더 많은 사물들이 인터넷에 연결되면서 우리 삶과 사회와 산업에 어떤 나비효과를 일으키게 될 것인지 구체적으로 살펴보려고 한다. 물론 기술이 세상을 바꾸는 필요조건이긴 하지만 충분조건은 아니다. 충분조건은 사용자의 기술 수용에 달려있다. 제 아무리 기술이 뛰어나도 사용자가 선택하지 않으면 세상은 바뀌지 않는다. 기술과 사용자가 있어야 사회의 변화와 산업 혁신의 필요충분조건이 완성된다. 이 책에서는 사용자 관점에서의 ICT 기술에 대해 소개함으로써 실제 우리 삶과 사회를 변화시킬 필요충분조건을 다룰 것이다.

방송, 언론 등의 미디어 시장, 광고와 PR 등의 마케팅 시장, 제조업과 통신업 그리고 인터넷 서비스 사업은 앞으로 치열하게 벌어질 경쟁을 위해 대비하려면 다가오는 스마트폰 이후의 플랫폼과 IoT의 변화상에 대한 이해가 필수적이다. 이 책은 글로벌뿐만 아니라 한국의 구체적인 사례들을 제시하여, 어려운 ICT 기술 이야기나 너무 먼 미래의 이야기가 아닌, 약 3년 이후의 근 미래에 대한 변화상을 기술하였다. ICT 이외의 다양한 산업에 종사하는, 전략, 기획, 경영, 마케팅, 개발, 영업 직종의 직장인들에게 이 책에서 제시하는 미래 패러다임에 대한 통찰력이 혁신의 마중물이 되었으면 하는 바람이다.

| 1부 |

IoT, 이용하지 않으면 이용당한다

소유의 종말, 연결의 시대가 온다

　시장조사업체 IDC에 따르면 2012년 전 세계에서 생산, 유통된 정보의 크기는 284만 PB(페타바이트)에 이른다고 한다. 1PB는 1TB(테라바이트)의 1,024배이며, 1TB는 1GB의 1,024배이다. 1PB는 DVD 영화 17만 4,000편을 담을 수 있는 용량이다. 그런데 시간이 흐를수록 데이터의 규모는 기하급수적으로 늘어 2020년에는 4,003만 PB에 이른다고 한다. 에릭슨의 발표에 따르면 2012년 3분기 전 세계 모바일 데이터 트래픽은 900만 PB로 2018년에 이르면 2012년 대비 14배나 증가할 것으로 전망했다. 갈수록 많아지는 어마어마한 데이터를 우리 컴퓨터와 스마트폰에 모두 저장해둘 수 없다. 정보의 가치는 소유하느냐로 결정되는 게 아니라 필요로 하는 정보를 빠르게 찾아볼 수 있느냐로 결정된다.

데이터의 소유로 인한 부담

컴퓨터와 인터넷이 만들어준 디지털 기술은 지구상의 모든 정보와 지식을 디지털화하면서 우리에게 업무와 생활의 편의를 가져다주었지만, 이러한 자료를 저장하고 관리하는 데 어마어마한 비용을 투입하게 했다. 컴퓨터 하드디스크는 감당할 수 없는 데이터의 무게로 인해 해마다 더 많은 저장 공간을 필요로 했다. 디지털 세상에 거주할수록 더욱 많은 데이터가 생산되고 이것을 저장할 공간 역시 끝없이 요구되어왔다. 물론 아날로그 데이터처럼 실제 공간을 차지하는 것은 아니며, 갈수록 스토리지 비용은 저렴해지고 있기 때문에 저장 비용 자체가 큰 부담을 주는 것은 아니다.

문제는 이렇게 생산된 데이터를 사용하는 관리 비용의 부담이 크다는 점이다. PC에 이어 스마트폰, 태블릿 그리고 스마트TV 등의 다양한 스크린의 디지털 디바이스가 늘어가면서 여러 디바이스에서 공통적으로 사용해야 하는 데이터를 효율적으로 관리하는 것이 어려워지고 있다. 스마트폰으로 촬영한 사진이나 영상을 PC로 옮기고, 다시 이 파일을 태블릿에서 보려면 여러 단계의 과정을 거쳐야 한다. 디바이스 간에 파일을 전송하고 공유하는 것이 쉽지 않기 때문이다.

게다가 하드디스크 속 파일이 손상되거나 유출되면 심각한 문제가 유발되기 때문에 이를 보전하고 보호하기 위한 관리의 비용 또한 증대된다. 또한, 스마트폰을 잃어버리면 중요한 개인정보가 유출될 수 있다. 실제 스마트폰에서 삭제된 사진마저도 복구할 수 있어 중요한 사건을 해결하는 증거물이 되기도 하고, 반대로 개인정보가 유출되는 사회 문제를 야기하기도 한다.

그런데 정작 이렇게 저장된 데이터들에 다시 접근하는 경우는 드물다. 컴퓨터에 1년 이상 묵혀둔 파일을 다시 열어보는 경우가 얼마나 되는지 자문해보자. 또, 설사 찾는 데이터가 있을지라도 찾을 수 있는 경우는 드물다. 한때 소중하게 저장한 데이터가 막상 애물단지가 되는 경우가 대부분이다. 비록 디지털이 거래 비용을 제로에 수렴하도록 만들지만 관리에 들어가는 어려움과 위험요소가 크다.

즉, 데이터를 소유함으로써 발생되는 관리 비용과 부담이 만만치 않다. 게다가 시간이 흐를수록 우리가 사용하는 디지털 디바이스는 늘어가고 있다. PC를 넘어 스마트폰, 이제는 태블릿과 스마트TV, 더 나아가 더 많은 기기들이 인터넷에 연결되어갈 것이다. 이들 장치에 저마다 보조기억장치가 있고 각각의 기기별로 데이터가 쌓여 가면 이들 데이터를 관리하고 이용하는 데 더 많은 비용과 시간이 투입되기 마련이다.

● **아날로그 시대의 소유욕**

20년 전에 LP판이나 테이프에는 음악이 담겨 있었고 오디오나 워크맨을 통해 이들 콘텐츠를 청취할 수 있었다. 음반을 구매하는 행위는 그 음악을 소유하는 것이었다. 비록 듣지 않더라도 진열대에 차곡차곡 쌓여진 LP판을 보며 행복한 소유감을 느낄 수 있었다. 그것이 비용을 기꺼이 지불하게 해주었다. 책 역시 마찬가지다. 우리가 종이로 된 책을 구매했던 이유는 서재에 꽂아둔 책을 보며 책 속의 지식들이 내게 소유되었다는 물질적 동기화가 형성되었기 때문이다. 눈으로 보고 손으로 만질 수 있는 물질적인 형태로 된 그것을 소유한다는 것이 아날로그 세상에서는 중요한 가치였다. 비록 그 물질을 사용하지 않더라도 그저 소유만 하고 있어도 충분히 대가를 지불할 가치가 있는 것이다. 그러한 우리의 DNA에 새겨진 소유욕이 디지털 세상에서도 그대로 적용되어 컴퓨터에 수많은 데이터들을 삭제하지 못한 채 채워가도록 하는 게 아닐까.

24시간 연결되지 않으면 두려운 세상

우리 가정에는 수도관과 가스관이 연결되어 있어 물과 불이 필요할 때 언제든 사용할 수 있도록 해준다. 우리가 평생 사용할 물과 불을 소유하고 있지 않아도 된다. 그저 물과 불을 보관하고 있는 곳과 연결만 가능하면 된다. 내가 평생 사용할 에너지를 모두 소유하고 있으면 그 소유를 유지하기 위해 들어가는 비용이 더 클 뿐이다. 소유보다는 필요할 때에 사용할 수 있는 것이 더 효율적이다.

10여 년 전만 해도 정전이 되면 온 세상이 깜깜했고 아무것도 할 수 없어 답답했다. TV도 볼 수 없고 컴퓨터도 켤 수 없었다. 하지만 이제 정전보다 무서운 것은 불통이다. 인터넷이 차단되면 컴퓨터는 켤 수 있어도 최신 뉴스나 원하는 정보를 찾아볼 수 없다. 눈 뜬 장님이나 다름없다. 통신이 연결되지 않는 지하실이나 오지에 가면 스마트폰을 사용할 수 없다. 전화 통화도 되지 않고 카카오톡도 사용할 수 없으며, 다음

지도나 네이버앱도 이용할 수 없다. 아마 그런 시간이 1시간 이상 지속되면 답답할 것이다. 당장 스마트폰을 사용할 필요가 없는데도 통신망에 연결되지 않았다는 이유만으로 불안해진다. 아침에 집을 나서며 주머니에 스마트폰이 없다는 사실을 알게 되면 당장 집으로 뛰어 들어가는 것은 '연결되지 않는 두려움' 때문이다.

웹의 시대에는 검색되지 않으면 주목받을 수 없었다. 구글, 네이버 등의 검색엔진에서 검색되지 않은 페이지는 보일 기회를 박탈당하게 된다. 하지만 웹 이후의 시대에는 수많은 기기에서 연결되지 않으면 주목받을 수 없게 되었다. 즉, PC를 넘어 스마트폰, 태블릿, 그리고 스마트TV 등의 기기에서 연결할 수 있어야 주목받게 되고 가치를 만들어 낼 수 있다.

웹 이후의 시대, 유비쿼터스 시대에는 연결되지 않으면 존재할 수 없다. 모든 사물(Things)이 인터넷 위에 얹히게 된다. 즉, IoT(Internet of Things)의 시대에는 인터넷에 연결되는 것이 중요하다.

● 보이지 않는 컴퓨팅을 만들어주는 유비쿼터스

유비쿼터스 시대에 대한 꿈은 SF영화의 단골 소재였고, 많은 과학자들이 수십 년 전부터 예견하고 준비해왔다. 모든 사물에 칩이 장착되고 이 칩이 네트워크에 연결되어 사물 간에 통신이 가능하고, 이러한 컴퓨팅 시스템으로 인해 인간이 컴퓨터 없이도 컴퓨팅을 할 수 있는 게 유비쿼터스의 본질이다. 주변 사물이 사람이 필요로 하는 것을 자동으로 제공하는 세상이다.

만능 연결 창고, 클라우드

컴퓨터, 스마트폰, 태블릿, 디지털 카메라 등의 다양한 디지털 기기를 통해 생산된 데이터들은 클라우드에 저장되고, 이렇게 저장된 데이터는 역시 어떤 디지털 디바이스에서든 쉽게 접근해서 볼 수 있도록 해주는 것이 클라우드 세상이다. 모든 기기는 생산된 데이터를 로컬에만 저장하는 것이 아니라 인터넷에 연결되어 클라우드에 저장될 수 있도록 설계되어야 한다.

위딩스(Withings)라는 체중계, 혈압계 등을 만드는 건강기기 제조사는 인터넷에 연결되는 제품을 생산하고 있다. WiFi가 내장되어 몸무게와 체지방에 대한 데이터가 클라우드에 저장된다. 이렇게 저장된 데이터들은 위딩스가 제공하는 앱과 웹을 통해서 체계적으로 관리하고 확인할 수 있다. 가족 구성원 최대 8인의 체중 정보가 기록되며, 이를 기반으로 건강과 관련된 다양한 데이터를 그래프로 정리해준다. 이러한 데이터는 의사와 트레이너에게 중요한 정보가 되어 건강과 의료에 큰 도움이 된다.

아날로그 세상에서는 기록조차 되지 않던 데이터들이 디지털 시대를 맞아 로컬에 쌓이게 되었다. 이제 그렇게 쌓인 데이터들은 유비쿼터스 시대를 맞이해 로컬에 머물지 않고 클라우드에 쌓여가고 있다. 이렇게 쌓인 데이터는 사용자가 필요로 하는 스크린과 서비스에서 다양한 용도로 활용되며 새로운 가치가 창출된다. 더 나아가 이들 데이터가 부분 공개, 개방되면서 과거에는 알 수 없었던 정보를 알 수 있

Buy music
Download music from iTunes on any device.

iCloud stores it
Your music is stored in iCloud.

And pushes it to your devices
Your music automatically appears on your iPad, iPhone, iPod touch, Mac, and PC.

애플의 아이클라우드 서비스

게 되고 혁신적인 가치를 만들어낸다.

인터넷을 통해 클라우드에 파일을 전송하고, 클라우드에 저장된 데이터를 원하는 디바이스에서 원하는 방식으로 꺼내어 보는 것이 보편화되면서, 디지털 기기에 파일을 저장하기 위한 저장장치나 메모리 용량보다 초고속 무선 인터넷과 어떤 기기에서든 데이터를 접근하고 열어볼 수 있는 파일 호환성, 표준화 등이 중요해지게 될 것이다.

● 클라우드는 예전부터 있었다

1996년 시작된 다음의 한메일, 카페, 그리고 2000년대의 네이트온, 캘린더 등의 서비스들은 이미 그 자체가 클라우드 서비스이다. 내 컴퓨터에 데이터를 보관하지 않고 서버에 기록해두고 필요할 때마다 그 어떤 컴퓨터를 이용하든 동일하게 사용할 수 있도록 해준다. 한메일과 같이 웹에서 서비스가 제공되기 이전에는 클라이언트-서버 방식으로 서버에서 데이터를 클라이언트(PC)에 다운로드받는 방식이라 여러 대의 PC에서 동일한 사용자 체험을 누리기가 어려웠다. 하지만 웹을 통해 서비스가 제공되면서 어떤 컴퓨터를 이용하든지 같은 화면과 데이터를 볼 수 있게 되었다. 이미 웹에서 제공되는 서비스들 그 자체가 클라우드나 다름없다. 다만, 웹이 PC 이외의 스마트폰, 태블릿, 스마트TV 등의 다양한 디바이스에서 정상적으로 사용되기 어려울 수 있어, 모든 스크린에 최적화된 형태로 제공되는 서비스들이 새로운 개념의 클라우드로 주목받고 있다. 앞으로 우리가 사용하는 디지털 디바이스는 클라우드에 데이터를 저장할 수 있고, 어떤 스크린에서든 자유롭게 이용할 수 있게 될 것이다.

함께하고
나누고
합하는 사회

2012년 여름 한국의 지하철에는 "팡, 팡" 하는 애니팡 게임 소리가 가득했다. 이후 가을에는 드래곤플라이트와 아이러브커피 등의 모바일 게임이 10~20대는 물론 30~40대를 넘어 50대의 눈과 귀, 손을 사로잡았다. 이들 게임은 선데이토즈, 파티스튜디오, 넥스트플로어라는 50명 이하의 작은 게임 개발사에서 출시하였다. 대형 게임 개발사가 아닌 작은 게임 업체의 게임들이 사랑받은 가장 큰 이유 중 하나는 카카오톡을 통해서 퍼블리싱했기 때문이다. 카카오톡은 메시지를 주고받는 메신저에서 벗어나 선물을 사고(선물하기), 모바일 게임을 친구들과 함께 즐기고(게임하기), 이벤트 소식을 들을 수 있는(플러스 친구) 서비스로 진화했다. 또한, 카카오페이지를 통해서 개인이 만든 모바일 콘텐츠를 구입할 수 있는 디지털 콘텐츠 유통처 역할도 하고 있다.

카카오링크는 스마트폰 앱을 카카오와 연계해서 사용할 수 있도록 해준다. 카카오는 혼자 모든 서비스를 독식하지 않고 카카오를 기반으로 다른 외부 서비스 업체와 함께 새로운 서비스를 키워 나누는 비즈니스를 만들어가고 있다.

공유와 나눔의 철학에 기반을 둔 상생의 경제

1990년대부터 디지털 혁명을 주도한 컴퓨터는 개방과 공유의 패러다임으로 성장한 제품이다. 1980년대에 사용되던 컴퓨터는 가격이 비쌌고 공급이 제한적이어서 대중적으로 사용되지 못했었다. 1990년대에 애플과 IBM이 개인이 사용할 수 있는 저렴한 보급형 PC(Personal Computer)를 출시하면서 디지털 혁명이 싹틀 수 있는 계기가 되었다. PC가 널리 보급될 수 있었던 가장 큰 이유는 IBM이 PC를 구성하는 주변기기와 구성을 공개했기 때문이다. IBM은 PC를 직접 제조하기도 했지만, 다른 업체에서 IBM PC와 호환될 수 있는 PC를 제조할 수 있도록 개방했다. 이 덕분에 더 많은 업체들이 IBM 호환 PC를 출시했고, 이로 인해 더 저렴한 PC들이 시장에 공급될 수 있었다. 또한, 기업 간에 PC 제조와 판매를 위해 서로 경쟁하면서 기술이 좀 더 빠른 속도로 발전할 수 있게 되었다. 결국 관련 시장과 산업이 성장한 것은 물론이다.

이 같은 비즈니스 패러다임의 변화는 PC에 이어 거대한 산업으로 자리 잡은 WWW에서도 발견할 수 있다. 전 세계의 컴퓨터를 그물망처럼 연결하면서 서로 가진 정보를 나누고 개방했기 때문에 더 많은 컴퓨터가 이 웹이라는 네트워크에 속속 참여하며 커져갈 수 있었다. 또한, 그렇게 구성된 웹에서 메일, 카페, 검색, 블로그 등의 서비스들 역시 사용자들이 등록한 콘텐츠를 공유함으로써 더욱 많은 사용자들의 참여가 이어졌고 이로 인해 거대한 산업으로 성장할 수 있는 발판이 마련되었다. 한국에서만 연간 1조 원이 넘는 거대 시장으로 성장한 인터넷 검색 산업 역시 웹에서 제공되는 수많은 정보와 페이지들이 공개되지 않았더라면 이렇게 시장 규모를 갖추지 못했을 것이다.

이후 모바일 생태계를 만든 아이폰의 앱스토어나 구글의 플레이 역시 핵심은 개방의 패러다임이다. 아이폰 이전에는 철저하게 통제되고 제한적으로 사용되었던 휴대폰 내의 SDK와 API가 아이폰을 기점으로 개방되었고, 이것을 이용해 다양한 앱들이 출시되고 앱스토어나 구글 플레이에서 이 앱들을 쉽게 공유할 수 있게 되면서 웹을 뛰어 넘는 거대한 모바일 생태계가 탄생할 수 있게 되었다.

가진 것을 독식하려 들면 이것을 지키고 경쟁자와의 경쟁 우위에 있기 위한 투자가 지속적으로 들어간다. 덩치가 큰 공룡이 그 몸집을 유지하기 위해 더 많은 먹이를 먹어야 하는 것과 같다. 하지만 곳간을 열어 나누면 당장 가진 것이 줄어드는 것처럼 보이지만, 곳간에 좀 더 많은 사람들이 모이면서 새로운 시장을 형성하게 된다. 이렇게 형성된 시장에서 새로운 수익모델을 발굴하고 다른 산업을 연계하는 것이 나눔과 개방을 원칙으로 한 경영방식이다.

● **계산적이지 못했던 IBM**

맹목적으로 가진 것을 모두 나누고 공유한다고 헤게모니의 주도권을 가질 수 있는 것은 아니다. IBM이 PC를 설계하는 구성과 주변기기에 대해 개방하고서도 PC 시장을 지배하지 못한 것은 IBM의 개방이 계산적이지 않았기 때문이다. 개방을 통해서 형성된 부가가치에서 도태되지 않아야 한다. 그런 면에서 IBM은 IBM 호환 PC 시장에서 HW의 핵심인 CPU와 메인보드, 그리고 SW의 핵심인 운영체제를 지배하지 못함으로써 PC 시장의 성장에 따른 부가가치를 얻지 못했다. 애플은 아이폰의 앱스토어에서 발생하는 앱 판매의 일정 수익을 가져가고, 구글은 구글 플레이를 통해서 배포되는 수많은 앱과 모바일 서비스의 수익모델의 하나인 모바일 광고를 애드몹(Admob)이라는 솔루션으로 일정 수익화하고 있다. 이처럼 나눔과 공유를 통해 커진 시장과 산업에서 발생된 부가가치를 지배할 수 있는 장치가 없으면 정작 시장을 만들고서도 비즈니스는 실패할 수밖에 없다.

물과 공기가 되어야 플랫폼이 된다

페이스북과 트위터의 유례없는 빠른 성장은 플랫폼 비즈니스의 정수를 보여준다. 우리가 사는 지구에 생명체가 살아 숨 쉴 수 있는 생태계가 조성될 수 있었던 것은 물과 공기의 존재 덕분이다. 불모지나 다름없는 사막에서도 물이 있는 오아시스를 거점으로 식물이 자라고,

동물이 모여들면서 생태계가 조성된다. 페이스북은 물, 트위터는 공기와 같은 존재가 되고 있다.

물 근처에는 다양한 식물들이 자란다. 식물이 있기에 동물들도 물 주변으로 모여든다. 물이 없는 곳은 황량해 생태계의 조성이 어렵다. 페이스북은 물과 같아서 다양한 서비스들이 페이스북에 둥지를 틀고 사용자들이 모여든다. 그런데 물은 지구 어디에나 있는 것이 아닌 반면, 공기는 지구 어디에든 존재할 만큼 광범위하게 분포되어 있다. 트위터는 공기처럼 어떤 서비스에서든 데이터를 가져다 쓸 수 있는 완전 개방형 플랫폼이다. 트위터에 게재된 데이터들을 이용해 제2, 제3의 SNS 서비스가 구성될 수 있었던 것은 트위터가 공기처럼 어디에든 데이터를 공개했기 때문이다.

2006년 웹2.0 열풍이 불어닥치며 참여와 공유에 입각한 웹 서비스들이 크게 주목받았고 성장했다. 유튜브, 딜리셔스, 위키피디아, 플리커, 딕닷컴, 마이스페이스, 피카사 등이 이때 활성화되었다. 이들 서비스는 기존 서비스들과 비교해 더욱 개방적이고 다른 서비스들과 유기적으로 연계되어 있다. 예를 들어, 유튜브의 경우 유튜브에 회원가입하거나 유튜브 사이트에 방문하지 않아도 다른 서비스에서 유튜브에 올라온 콘텐츠를 볼 수 있도록 개방되어 있다. 즉, 다음 블로그와 네이버 카페에서 유튜브에 등록된 영상을 볼 수 있다. 위키피디아 역시 누구에게나 열려 있어 게시된 글을 수정하고 내용을 추가할 수 있다. 웹2.0의 분위기 속에서 좀 더 많은 인터넷 서비스들이 개방과 공유를 기반으로 만들어졌다.

그 분위기가 모바일 시대를 맞이하면서 더욱 가속화되고 있다. 트위터, 페이스북은 대표적인 서비스 기반의 플랫폼이다. 플랫폼은 외부의 다양한 서비스들과 함께 성장할 수 있는 토양을 제공해야 한다. 그렇게 하기 위해 외부 서비스와 연계할 수 있는 API들을 공개해서 서비스의 내부와 외부에 제3의 서비스들이 유기적으로 함께할 수 있도록 구성되어야 한다. 이미 페이스북은 OAuth 인증 API를 제공해 외부 서비스들에서 회원가입을 하지 않고도 페이스북 ID만으로 로그인이 가능하다. 게다가 이렇게 로그인해서 서비스를 사용하면 서비스를 이용하면서 축적된 여러 데이터와 정보가 페이스북에 연계되어 표시된다. 게다가 페이스북에는 60여만 개가 넘는 앱들이 페이스북이 공개한 F8이라는 API를 이용해서 개발되어 제공되고 있다. 페이스북이 거대한 운영체제가 된 셈이다.

플랫폼으로 성장한 서비스는 새로운 서비스의 등장에도 쉽게 흔들리지 않고 지속 가능할 수 있다. 그렇다 보니 거대 서비스로 성장한 킬러앱들은 지속 성장하기 위해 서비스의 틀을 벗어나 플랫폼을 꿈꾼다. 스마트폰 보급과 함께 성장한 카카오톡, 라인, 마이피플 등이 플랫폼을 꿈꾸는 차세대 서비스들이다. 모바일에서 사용자들이 많이 사용하는 킬러앱인 서울버스, 하철이, T맵, 다음지도, 멜론 등은 그저 서비스일 뿐이다. 반면 카카오톡 등은 다른 서비스와 유기적으로 연계하면서 플랫폼화하고 있다. 카카오톡의 게임하기, 아이템스토어, 플러스친구, 그리고 카카오스토리와 카카오카드 등은 카카오톡이 다양한 서비스들과 연계되며 확장해가고 있는 사례이다. 라인은 라인 카메라, 라인 버즐 등을 통해 네이버 내부 서비스와의 연결로 라인 중심의 플랫폼을 만들어가고 있다. 마이피플은 채널과 마플 위젯, 그리고 웹에서 마플 친구 API, 마플 봇 등을 통해서 외부 서비스의 생태계를 제공하고 있다.

  물과 공기처럼 생태계를 만들어 다양한 생명들이 어우러질 수 있는 환경, 토양을 만드는 것이 서비스 플랫폼이다. 이러한 플랫폼을 제공하기 위해서는 서비스가 외부와 공유되고 열려 있어야 한다.

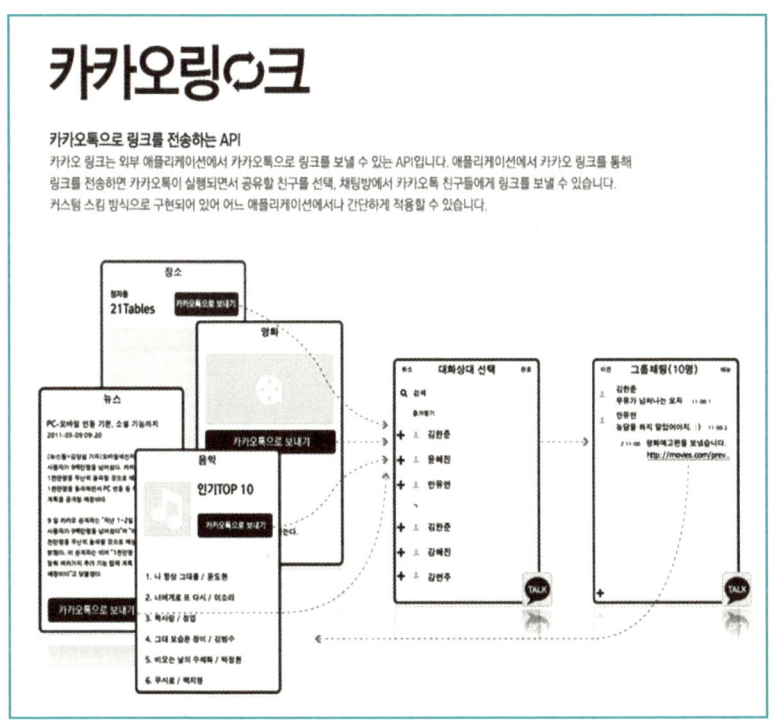

카카오톡이 외부에 오픈한 API, 카카오링크

● **반쯤 열린 플랫폼, 페이스북**

모든 것을 무조건적으로 개방하는 것만이 플랫폼으로서 능사는 아니다. 페이스북은 트위터처럼 데이터를 외부에서 가져다 사용하도록 오픈하고 있지 않다. 심지어 구글 검색 로봇조차 페이스북 내의 콘텐츠는 접근할 수 없다. 하지만 페이스북 내부는 완전히 오픈되어 있어 외부의 서비스들이 페이스북 내에서 자유롭게 둥지를 틀 수 있다. F8이라는 페이스북의 소셜OS를 개방해 외부 서비스들과 연결된 서비스를 지원하고 있다. 외부에서 페이스북에 글을 보내거나, 데이터를 연계하는 것은 자유롭지만 거꾸로 페이스북 내 데이터를 외부에 가져가거나 이용하는 것은 막혀 있다. 그렇다면 반쪽짜리 열린 플랫폼인데도 페이스북이 거대한 플랫폼으로 자리매김한 이유는 무엇일까. 무조건적인 개방보다는 영리한 개방이 중요하다. 그 어떤 제한도 없는 아마존 정글과 아프리카의 초원에 펼쳐진 사파리, 그리고 철창 속의 동물원은 그 개방의 정도가 다르지만 각각 존재 가치가 있으며 사용자들에게 주는 유용함이 있다.

앱과 앱의 연결이 필요한 앱 생태계

1996년경엔 모뎀을 이용해 SLIP/PPP 방식으로 인터넷에 연결하고 네스케이프 내비게이션이라는 브라우저로 홈페이지에 접속했다. 당시만 해도 전 세계적으로 개설된 홈페이지가 많지 않아 주로 미국의 정부기관과 대학, 박물관 홈페이지를 살펴보곤 했다. 하지만 점차 홈페이지 개설이 늘어나다 보니 이 모든 홈페이지의 주소를 외우고 있을 수 없어, 디렉토리 서비스가 탄생하기 시작했다. 야후, 라이코스, 그리고 다음, 네이버 등의 포털 사이트에는 수많은 전 세계의 홈페이지를 분야별로 분류한 서비스가 제공되었다.

하지만 디렉토리 서비스는 포털과 검색의 등장으로 인해 유명무실해졌다. 포털에서 모든 서비스를 원스탑 토털로 제공하면서 굳이 개별 홈페이지를 방문할 이유가 사라졌다. 또한, 검색으로 인해 굳이 개별 홈페이지를 방문하지 않아도 그 어떤 홈페이지의 페이지든 접근할 수 있게 되면서 홈페이지 URL은 존재 가치가 사라졌다. 사실 2000년 초만 해도 홈페이지 주소가 중요해 외우기 쉬운 단어로 된 URL은 수억 아니 수십 억 이상에 거래되기도 했다. 네이버에서 가장 많이 검색하는 키워드가 다음이며, 다음에서 가장 많이 검색하는 키워드가 네이버인 것만 보아도 이제 URL이 중요하지 않은 것임을 알 수 있다. 인터넷으로 연결 가능한 모든 것들은 페이지로 구성되어 있으며, 이 페이지는 검색으로 접근 가능하다. 또한, 하이퍼링크를 통해서 서로 얽히듯 연결되어 있다.

스마트폰이 주목받게 된 지금 기존 웹에 올려져 있는 페이지들은 어떤 의미가 있을까? 여전히 우리는 스마트폰의 모바일 웹 브라우저와 검색 앱으로 페이지를 연결하고 있다. 하지만 페이지만큼, 아니 때로는 오히려 더 많이 사용하는 것이 앱으로 사용 가능한 서비스들이다. 웹으로는 아예 접근 불가능한, 앱으로만 사용 가능한 서비스들이 있다. 카카오톡, 서울버스, 하철이, 배달의 민족, 밴드, T맵 등은 페이지로 구성되어 있지 않아 검색도 불가능하고 하이퍼링크로도 연결되어 있지 않다. 오로지 해당 서비스의 전용 앱으로만 접근 가능하다. 그렇다 보니 스마트폰의 홈 화면에 아이콘의 형태로(안드로이드는 위젯까지 포함) 자리 잡고 있지 않으면 사용자들과 접점을 만들 기회가 줄어든다. 그런 이유로 폰에 기본으로 앱을 탑재하여 제공하는 것이 웹이 시작되던 2000년대 중요한 것이라 여겨지던 홈페이지 주소처럼 핵심적이라고 오해하던 시기가 한 때 있었다. 하지만 사용자의 선택 없이 설치된 앱들은 가치 없는 페이지만으로 구성된 짧고 기억하기 쉬운 주소를 가진 홈페이지나 다를 바 없다.

웹에서의 포털과 검색 같은 역할을 모바일에서 어떤 앱이 하게 될까? 그 해답은 웹에서 모든 페이지를 접근 가능하게 해준 것이 검색과 포털이었던 것처럼 모바일에서도 웹의 페이지와 같은 것에 연결할 수 있도록 해주는 그 무엇일 것이다. 모든 홈페이지들이 수많은 페이지로 구성되어 있는 것처럼 앱에도 수많은 데이터들이 있다. 이 데이터들은 아직 앱 내에서만 접근 가능할 뿐 다른 앱에서 접근하기가 쉽지 않다. 하지만 앱 간에 API 연동을 통해서 앱 내의 데이터들을 다른 앱에서 호출하거나 다른 앱으로 전송할 수 있다. 심지어 플립보드나 펄스 등의 앱은 인스타그램, 트위터, 페이스북, 구글리더 등의 외부 서비스들 속 데이터를 이용한다. 점차 이러한 현상이 확대되면 웹 상의 페이지가 상호 연결되듯 앱 속의 데이터들도 서로 연결되며 앱에서 앱을 호출하고, 앱에서 다른 앱의 데이터를 연결하게 될 것이다.

모바일이 시장 진입기, 성장기를 넘어 성숙기로 접어드는 지금, 지속 가능한 모바일 플랫폼을 위한 고민이 있다. 웹이 지금과 같이 열려 있고 확장된 플랫폼이 될 수 있었던 것은 10년 넘는 역사 속에서 꾸준히 진화해왔기 때문이다. 모바일 역시 지속 성장하기 위해서는 하이퍼링크와 HTTP로 연결된 페이지가 검색으로 어디서든 접근 가능했던 것처럼, 앱들 속에 존재하는 데이터들이 다른 앱들과 상호 연계되며 어떤 앱에서든 연결 가능해야 한다.

앱뿐만 아니라 모든 콘텐츠와 데이터는 어떤 디바이스, 어떤 서비스, 어떤 앱에서든 서로 연결되고 호출될 수 있어야 한다. 외부에서 쉽게 접근할 수 있도록 서비스와 데이터를 활짝 열어야 더 큰 가치가 만들어진다. 그렇게 하기 위해서는 N스크린에서 접근해 소비할 수 있도록 서비스를 구성해야 하며, API를 적극 오픈해서 다른 서비스에서 데이터들을 호출하고 접근할 수 있도록 해야 한다.

상품의 개발과
마케팅에 참여하는 사용자

　미국 시사주간지 〈타임〉에서는 2012년 최고의 발명품으로 3D 프린터를 포함시켰다. 시장조사기관 홀러스어소시에이츠(Wohlers Associates)는 3D 프린터 시장이 2011년 17억 달러에서 2015년 37억 달러 규모로 성장할 것이라고 예측했다. 수천만 원에 달하는 3D 프린터는 의료, 산업분야 등 일부에서 제한적으로 사용되어왔다. 하지만 최근 들어 수백만 원에서 수십만 원에 이르는 3D 프린터가 출시되면서 개인도 사용할 수 있게 되었다. 3D 프린터 덕분에 컴퓨터를 이용해 소프트웨어로 만들어본 제품을 실제 합성수지 플라스틱을 이용해 목업(mock-up)으로 만들 수 있게 된 것이다. 상상 속의 물건을 직접 내 손으로 제작해볼 수 있는 기회가 개인에게 주어졌다.

만드는 것에 익숙해진 소비자

자급자족의 시대에 우리는 웬만한 것은 직접 가정에서 만들어 사용해야 했다. 물물교환의 시대에도 모든 것을 만들 필요는 없지만 적어도 한두 가지는 처음부터 끝까지 내가 만들어야만 했다. 그렇게 한 분야에서 꾸준히 물건을 만들어오던 사람을 가리켜 장인이라고 한다. 하지만 산업혁명 이후 분업화되면서 모든 물건은 공장에서 여러 사람의 손을 거쳐서 만들어지게 되었다. 기다란 컨테이너 테이블 위에 사람과 로봇의 반복적인 작업으로 대량생산이 가능하게 되었고 인류는 획일화된 상품을 소비하게 되었다.

하지만 1990년대부터 디지털 혁명과 함께 컴퓨터가 등장하면서 가상의 공간에 디지털로 된 상품이 만들어지게 되었다. 인터넷을 통해 생산된 것은 디지털로 된 홈페이지와 카페, 블로그, 미니홈피, 그리고 게시판과 유투브 동영상 등이다. 물론 우리가 사용하는 컴퓨터의 바탕화면과 각종 소프트웨어들도 모두 가상의 공간에서 사용하는 상품들이다. 이들 상품은 현실 속 아날로그의 물품들과 달리 생산과 제조에 큰 비용이 들지 않는다. 게다가 기술의 하향평준화로 인하여 개인이 홈페이지, 블로그, 카페 등을 A부터 Z까지 생성하고 다양한 콘텐츠를 운영할 수 있다. 한마디로 자급자족 시대의 장인처럼 디지털 세상에서 우리는 스스로 만들어 사용할 수 있는 장인이 되어가고 있는 것이다.

심지어 이 같은 디지털에서의 장인정신은 현실 공간으로까지 이어져 전통적인 생산과 제조의 방식을 바꾸어 놓고 있다. 일반적으로 현실에서는 개인이 어떤 물건을 제조한다는 것을 꿈꾸기 어려웠다. 1980년대 신문에 내 글을 싣고, TV에 내가 나왔으면 하는 것이 그저 몽상일 뿐 실현 불가능한 일이었던 것과 같다. 그러나 인터넷 덕분에 우리는 시민기자가 되어 〈오마이뉴스〉에 기사를 게재하고, 아프리카와 유스트림, 유투브와 블로그, SNS를 통해 전 세계 사람들에게 내 생각을 알리고 방송을 할 수 있게 되었다. 이와 마찬가지로 현실에서 어떤 아이디어를 실제 물건으로 제조하는 것이 단순한 몽상에 그치지 않고 점차 실현 가능해지고 있다.

● **아이디어의 시대, DIY의 시대**

미국 주택가에는 저마다 차고가 있고 그 차고에서 여러 가지 실험들이 진행된다. 필요한 것은 직접 만들어서 사용해보는 'Do it Yourself'는 미국판 장인정신이다. MS, HP, 애플 등의 세계적인 회사들이 그렇게 작은 차고에서 친구, 동료들과 함께 시작된 것도 미국의 DIY 문화 덕분일 것이다. 실제 미국에서는 DIY를 위한 용품들과 전문 상점들이 발달되어 있다. 이러한 문화가 발전하게 된 데는 인건비가 비싼 미국의 경제적 특성도 한 몫을 했을 것이다. 미국의 DIY 문화는 디지털 혁명 속에서도 진가를 발휘하며 진화하고 있다. 이 덕분에 2차 모바일 혁명을 RIM, 애플, 구글, 그리고 페이스북, 트위터가 주도하고 있는 것이 아닌가 싶다.

제조에 참여하는 소비자

킥스타터(Kickstarter)는 소셜 펀딩 사이트이다. 이 사이트를 통해 실현하고 싶은 상품 아이디어를 게재하면 이 제품의 상품화에 투자하려는 개인들을 만날 수 있다. 이 개념은 이미 한국에서도 2002년경에 북펀딩, 무비펀딩이라는 이름으로 소개된 적이 있다. 출간하고 싶지만 시장성이 없는 책을 집필한 사람들, 소액 투자자들의 자금을 기반으로 영화를 제작하려는 감독들이 이 방식을 이용해 개미 투자자들을 찾았다. 하지만 의미 있는 투자액을 확보하지 못하거나 투자자들의 지나친 간섭과 정보 공개 요청 등으로 인하여 이 같은 소액 투자 사업은 실패했다. 하지만 킥스타터는 달라진 시장의 패러다임에 맞춰 성장 중에 있다. 다양한 아이디어들이 끊임없이 게재되고 전 세계를 대상으로 서비스되고 있는데다 상품화에 성공한 제품들이 성공 스토리를 보여주면서 주목받고 있다.

소셜 펀딩 사업이 보여주는 것은 제품의 제조와 생산이 단발성으로 그치는 것이 아니라는 점과 소비자와 생산자가 제품의 개발과 제조, 생산 단계부터 함께 한다는 점이다. 물론 소셜 펀딩 사이트에 올려진 모든 아이디어가 펀딩에 성공하는 것은 아니다. 또한, 초기 아이디어 그대로 제품이 제조되는 것도 아니다. 소비자들이 제품에 관심을 가지고 소액이나마 투자를 함으로써 제품의 시장성이 검증되는 것이고, 이들의 의견이 제품에 부분 반영되어가면서 좀 더 완전한 제품으로 거듭나게 된다. 제품을 시장에 출시한 이후 마케팅을 통해서 고객과 만나는 기존 방식에 일대 변화가 일고 있는 것이다. 이미 우리 손에 들려진 스마트폰이 그렇게 달라진 커뮤니케이션 방식을 보여주고 있다. 아직 출시도 되지 않은 차기 아이폰과 갤럭시S, 갤럭시노트 등의 차세대 제품들에 대해 사용자는 귀 기울인다. 출시도 안 된 제품에 대해 이런 아이디어, 저런 기대를 말하며 제품 설계에 대한 코멘트를 보태곤 한다.

이것은 소비자가 그저 만들어진 물건을 사기만 하는 소극적 소비에서 벗어나 제품의 제조와 생산까지 참여하는 적극적 소비로 변화하고 있음을 말해준다. 소비자와 제품, 그리고 그 브랜드의 관계가 제품을 구입한 이후부터 생기는 게 아니라 제품을 구매하기 이전부터 형성되는 것이다. 또한, 제품을 구매한 이후에도 사용하는 동안 브랜드와 관

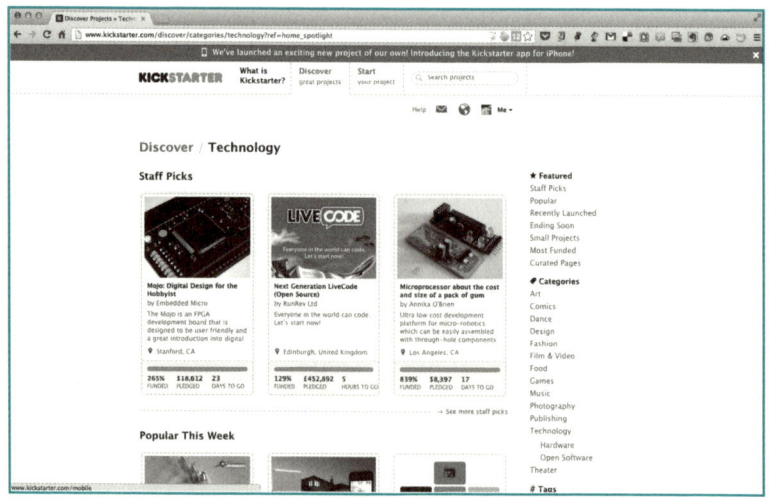

수많은 아이디어가 상품화되기를 기다리는 킥스타터

계를 형성해간다. 이러한 과정을 통해서 브랜드에 대한 충성도가 생겨난다. 예를 들어 SKT에서 삼성전자의 갤럭시S3를 구매한 소비자는 어떤 관계를 형성하는지 고민해보자. 소비자는 갤럭시S3를 구매하기 전에 SKT와 커뮤니케이션을 하는가? 갤럭시S3를 사용하면서 제품에 대한 충성도는 삼성전자와의 커뮤니케이션을 통해 확보되는가? 아마 갤럭시S3를 구매하는 고객들은 구글과의 커뮤니케이션을 기반으로 안드로이드를 선택할 것이며, 구글 플레이에서 제공되는 다양한 앱과 서비스를 통해서 구글과의 관계를 형성해가지 않을까 싶다.

● **다양하고 적게, 개성에 맞게**

산업혁명이 가져온 풍요로운 물질의 시대는 대량 생산과 대량 소비의 시대를 개막했으며, 이것이 가능한 것은 공장에서 끊임없이 생산하는 제품들 덕분이었다. 이렇게 생산되다 보니 제품의 종류가 다양할 수 없었다. 제품을 대량 생산해서 가격을 낮추되 박리다매를 추구한 것이다. 하지만 디지털 혁명이 가져온 새로운 시대에는 다양한 품종의 제품들을 소량 생산해서 각 개인의 개성에 맞게 제공하는 맞춤형 제품이 각광을 받고 있다. 똑같은 아이폰4를 사용하더라도 각자 각양각색의 케이스를 이용해서 다른 것처럼 사용하는 것은 소비자들의 개성 추구 욕구가 강해졌음을 보여준다.

제품과 함께하는 소비자

스마트폰이 나오기 전의 휴대폰은 삼성전자에서 제조를 하면, SKT가 자사 서비스에 최적화해서 고객들에게 직접 판매를 했다. 애니콜 휴대폰을 구매한 소비자는 삼성전자의 고객이 아니라 SKT의 고객이다. 사용자는 SKT의 서비스를 사용하면서 달마다 사용료를 지불하게 된다. 그것은 마치 HP의 PC를 구매한 소비자가 HP의 고객이 아니라 그 PC로 주로 사용하는 다음 카페, 네이버 검색, SK커뮤니케이션즈 미니홈피 등을 제공하는 다음, 네이버, SK커뮤니케이션즈의 고객인 것과 같다. 고객과의 접점을 지속적으로 가지지 못하면 그 기업과 브랜드 가치는 희석되기 마련이다.

애플의 아이폰은 2009년 11월 KT를 통해 한국에 판매되었다. 아이폰을 구매한 고객은 KT의 고객이 아닌 애플의 고객이 되어버렸다. 비록 KT에 통신비를 지불하지만, 실제 아이폰 고객이 더욱 많이 접하고 인지하는 브랜드는 KT가 아닌 애플이다. 아이폰에서 제공되는 아이튠즈, 앱스토어 등은 애플이 제공하는 서비스로, 사용자는 이들 서비스를 이용하기 위해 애플에 회원가입을 하고 카드 결제 정보를 기입해야 한다. 이후 아이폰을 이용하면서 앱을 다운로드받고 음악을 구입하면서 더욱 애플과 접하게 된다. 고객과의 접점이 많아질수록 거기에서 더 많은 부가가치가 창출되며 기업의 브랜드 가치 또한 커지게 된다.

삼성전자의 갤럭시 시리즈는 애니콜 브랜드와 다르다. 갤럭시S3나

갤럭시 노트를 구매한 고객은 통신사의 고객이 아니라 삼성전자의 고객이 되어가고 있다. 삼성전자가 제공하는 삼성 스토어와 삼성의 각종 콘텐츠 허브를 이용하게 하면서 고객 접점을 넓혀가고 있다. 사실 이미 안드로이드가 제공되는 스마트폰의 접점은 구글이 지배하고 있다. 구글의 플레이와 구글 지도, 유튜브, 구글 검색 등이 전 세계의 안드로이드폰 사용자들의 주력 서비스로 자리매김하면서 구글의 고객 접점이 두터워졌다. 그 고객 접점을 빼앗기 위해 삼성과 구글, 그리고 통신사의 피 말리는 전쟁이 계속되고 있는 것이다.

이처럼 소비자의 주권이 강력해지면서 제품의 최초 개발부터 생산, 그리고 유통과 판매, 소비 전반에 걸쳐 고객과 함께 할 수 있는 방안을 강구해야 한다. 웹과 앱 서비스, 그리고 다양한 SNS 등을 통해 입체적으로 사용자들의 의견을 듣고 생각을 나눌 수 있는 디지털 마케팅, 소셜 마케팅에 적극적으로 임해야 한다.

● **애플과 구글의 경쟁**

애플의 아이폰은 AT&T, 구글과의 협력에 의해 탄생되었다. 사실 아이폰 이전에 애플은 모토로라와 함께 아이튠즈가 탑재된 락커(ROKR)라는 제품을 출시했다. 하지만, 애플의 자랑인 훌륭한 UX가 모토로라의 제품에 제대로 구현되지 못했다. 이후 애플은 하드웨어를 직접 설계해 아이폰을 개발했으며 이 폰에서 사용자들이 가장 많이 사용할 만한 서비스를 구글, 야후를 통해 제공했다. 아이폰에는 구글 지도, 유튜브, 야후 날씨, 야후 증권, 구글 검색 등이 제공되었다. 하지만 파트너였던 애플과 구글의 관계는 급속도로 악화되어 고인이 된 스티브 잡스는 구글을 주적으로 삼고, "안드로이드 진영과는 핵전쟁도 불사하겠다"라고 말하기도 했다. 그것은 구글이 안드로이드를 만들어 아이폰과 유사한 UX로 스마트폰 시장에 진출했기 때문이다. 구글 입장에서는 아이폰의 탄생과 성공을 지켜보면서 모바일 플랫폼의 저력을 인지했고, 이 시장에 적극 대응하지 않으면 도태될 것이라 믿었기에 안드로이드를 출시한 것이다. 구글은 안드로이드를 제조사에 공짜로 배포하는 대신 안드로이드에서 최적으로 동작되는 기본 앱들을 제공했다. 구글 플레이, 구글 검색, 구글 지도, 구글 플러스, 유튜브, 구글 캘린더, 지메일, 피카사 등의 서비스를 제공함으로써 사용자와의 접점을 만들어가고 있다. 애플도 구글의 이 서비스들을 기본 앱에서 제외하고 애플의 서비스들로 대체해가고 있다. 그것은 결국 고객 접점을 차지하는 것이 헤게모니를 주도하는 것이기 때문이다. 앞으로 고객과의 지속적인 접점을 만들기 위한 통신사, 제조사, 서비스사, 방송사들의 경쟁이 더욱 치열하게 전개될 것이다. 제품을 한 번 파는 것보다 지속적으로 고객과 연결되는 것이 더 중요한 가치를 만들어내기 때문이다.

서비스가 소비자를 찾아가는 시대

앱스토어의 지니어스(Genius)라는 메뉴를 이용하면 내가 좋아할 만한 앱들이 자동으로 추천되어 나타난다. 벅스뮤직에서 제공되는 라디오 메뉴를 이용하면 내가 즐겨 듣던 음악을 분석해서 자동으로 내 취향에 맞는 음악만 선곡해준다. 개인의 선호도를 분석한 맞춤형 서비스가 제공될 수 있는 이유는 각 개인의 손마다 스마트폰이 들려진 후 개인의 취향에 대한 데이터가 쌓이게 되었기 때문이다. 또한, 주변 어디에든 네트워크에 연결될 수 있는 환경이 구축되고 사물들에 칩셋이 장착되면서 내가 명령을 입력하지 않아도 주변 사물이 자동으로 내게 정보와 서비스를 제공할 수 있게 되었다.

인간의 오감을 넘어서는 디지센서스

인간은 오감을 이용해 현상을 인지하고 외부의 정보를 받아들인다. 컴퓨터는 어떻게 정보를 받아들일까? 사용자가 키보드나 마우스로 입력한 명령을 기반으로 정보를 받아들인다. 사람이 어떤 명령어를 입력하지 않으면 그 어떤 출력도 할 수 없다. 물론 컴퓨터는 24시간 켜두고 사용하지 않기 때문에 전원을 켜지 않으면 외부의 입력조차 받아들일 수 없다. 그에 비해 스마트폰은 컴퓨터보다 훨씬 다양한 방법으로 외부의 정보가 입력되며 인간의 개입 없이 자동으로 인식되기도 한다. 마치 인간이 외부의 신호를 오감으로 인식하듯 스마트폰 역시 자동으로 외부 현상을 인식해서 정보를 처리한다.

비록 스마트폰이 컴퓨터와 비교해 CPU 속도와 메모리 용량, 화면의 크기와 입력장치의 불편함 면에서 떨어지지만 컴퓨터에는 없던 것이 있다. 바로 센서이다. 스마트폰에 장착된 센서는 카메라, 마이크, GPS, 자이로스코프, 조도센서, 중력가속센서와 NFC 등 다양하다. PC에 기본적으로 제공되지 않던 이런 센서들이 스마트폰을 특별하게 만들어준다. 맛집을 검색하더라도 현재 위치를 자동으로 확인해서 주변의 맛집을 검색 결과로 보여준다. 스마트폰의 센서가 사용자의 환경과 컨텍스트를 자동으로 인지해 좀 더 똑똑한 서비스를 제공할 수 있는 것이다.

아이폰의 Siri, 안드로이드폰의 구글 나우 등은 스마트폰이 음성을 인지해 마치 비서처럼 사용자가 필요로 하는 정보를 제공해주는 음성

검색 서비스이다. PC 기반의 웹 검색에서는 필요로 하는 정보를 찾으려면 입력창에 키워드를 입력한 후 나타난 검색 결과 목록을 일일이 확인하면서 원하는 정보를 찾아야 한다. 반면 스마트폰의 음성을 이용한 검색 서비스는 마치 비서에게 물어보듯 요청하면 그에 맞는 결과물을 바로 출력해준다. 굳이 결과를 일일이 확인해가며 정보를 찾아 나서지 않아도 된다.

센서 기술의 발달은 인간이 어떠한 정보를 주입하지 않아도 기술이 자동으로 사용자의 니즈를 인식해 상황에 맞는 서비스와 정보를 제공해줄 수 있도록 해준다. 로봇 청소기가 장애물을 피해 다니며 자동으로 집안을 청소하고 배터리가 부족해지면 충전 단자로 이동하는 것은 청소기의 다양한 센서들 덕분이다. 센서가 주변 환경을 인지하여 프로세서에 정보를 전달하면, 로봇 청소기는 상황에 맞는 판단을 하게 된다. 스마트폰에 좀 더 똑똑한 센서들이 장착되고, PC, 태블릿, TV 등에도 이 같은 센서가 장착되면 인간의 개입이나 정보 입력 없이도 기기들이 스스로 정보를 입수하고 인지할 수 있는 세상이 올 것이다.

● **MS 오피스에서 제공된 음성 마법사**

MS는 2009년부터 윈도우 XP에 음성인식을 이용해 윈도우를 조작할 수 있는 기능을 제공했다. 또한, 그 전에는 MS오피스에 음성으로 사용법을 설명해주는 부가 서비스를 제공하기도 했다. 커뮤니케이션을 위한 인터페이스로는 소리, 표정, 몸짓, 글자가 있는데, 소리(음성)가 태어나면서부터 죽을 때까지 배움 없이도 접하게 되는 직관적이고 간편한 인터페이스이다. 키보드나 마우스, 손가락을 이용한 조작보다 음성을 이용한 것이 빠르고 편한 인터페이스임은 맞다. 그렇다 보니 오래 전부터 음성을 이용한 조작 방식에 대한 연구가 진행되어 왔다. 향후 센서 기술의 발전으로 음성은 물론 사람의 필기, 제스처, 표정까지도 인식하는 다양한 입력 방식이 보편화될 것이다.

마우스와 터치에서 대화로 바뀐 인터페이스

아이폰4S의 놀랄 만한 혁신은 하드웨어가 아닌 Siri라는 음성으로 조작되는 비서 서비스였다. 전자책을 아마존이 처음 선보인 것이 아닌 것처럼(e북은 소니가 처음 선보였음) 음성으로 조작되는 폰이라는 컨셉트는 애플이 처음 시도한 것은 아니다. 10여 년 전 휴대폰 광고에 "우리 집"이라고 말하면 집으로 설정된 번호로 자동으로 전화가 걸리던 것이 휴대폰에서 이용된 음성인식의 첫 시작이다.

애플이 선보인 Siri는 엄밀히 말해 음성인식도, 음성검색도 아니다. 사용자가 원하는 정보와 서비스를 대령하는 똑똑한 개인 비서이다. 이 서비스는 3가지 기술이 중요하다. 첫째는 사용자가 말하는 음성을 인식하는 것이다. 사람들마다 발음이 다르고 주변 소음으로 인해 음성만 명확하게 인지해서 이를 인식하는 것은 쉽지 않은 기술이다. 최근 아이폰5에 마이크가 3개나 들어간 것은 Siri의 음성인식을 한 단계 높여줄 것이다.

둘째는 시맨틱 검색이나 울프럼 알파(Wolfram Alpha) 등에서 보여준 자연어 검색을 활용해 사용자가 원하는 정보를 서비스 형태로 즉각 대령하는 것이다. 지금까지 검색어 입력창에 검색어를 입력하면 하이퍼링크로 연결된 검색 결과들이 통합검색의 형태로 각 서비스별(블로그, 뉴스, 카페 등)로 나뉘어진 수십 개의 페이지로 나왔다. 이렇게 각 페이지들을 하나씩 클릭해가며 원하는 정보를 찾아 나서던 것이 기존의 웹 검색 방식이었다. Siri는 이러한 검색의 사용자 체험을 산산이 깨뜨리고 있다.

셋째는 위의 음성인식과 새로운 형태의 모바일 검색 서비스를 지속적으로 개선해가는 데이터 마이닝 기술이다. 전 세계 수많은 사람들의 발음이 같을 리 없고 지역별로 사투리마저 있는 만큼 음성인식은 한 번에 완성되는 기술이 아니다. 음성인식 엔진은 끊임없이 학습을 통해 보강되어야 한다. 또한, 검색 결과에 대해서도 튜닝을 하며 어린 아이가 말을 배워가면서 성장하듯이 진화되어야 한다. 마이크를 통해 입력된 수많은 사람들의 목소리와 인식 결과에 대한 사용자들의 만족도를 데이터베이스화하여 엔진과 알고리즘에 적용해가며 진화시켜야 한다.

Siri의 움직임에 스마트폰 제조사들은 S보이스(삼성전자), Q보이스(LG전자), 스마트보이스(팬텍)로 대응하고 있다. 물론 구글은 이미 안드로이드 초기 버전부터 음성인식 기능과 음성검색 기능을 제공했으며, 젤리빈에서는 구글 나우라는 Siri와 유사한 서비스를 제공할 계획이다. 기존의 웹에서 검색 시장을 지배하고 있는 다음, 네이버 등의 포털 역시 다음앱, 네이버앱의 음성검색 서비스로 가벼운 1차 대응을 했으며, Siri와 같은 형태의 자연어 검색과 즉각 정보를 서비스 형태로 제공하는 대응도 할 것이다.

또한, 최근 인텔은 울트라북 제품군에 드래곤 어시스턴트라는 지능형 음성인식 기능을 제공한다고 밝혔다. 물론 이 기능은 단순 음성인식을 이용해 간단히 컴퓨터에 명령을 내릴 수 있는 UI로 2009년에 MS가 윈도우 XP에 제공한 기능과 유사하다. 최근 스마트폰에 제공되는 Siri는 서버를 기반으로 동작되는 것으로 음성인식을 넘어 검색과 검색 결과를 서비스 형태로 제공하는 것이다. 모바일에서의 이 같은 새로운 사용자 체험의 등장으로 인해 컴퓨터에서도 음성인식에 대한 재조명과 (MS가 도입해 실패했던) 기존 웹 검색에 대한 큰 변화를 모색할 것이다.

결국 이 서비스의 핵심은 앞서 언급한 3가지 기술력의 싸움이다. 음성인식과 음성검색은 기술의 상향평준화와 함께 자연스럽게 진입장벽이 사라지겠지만 세 번째의 데이터 마이닝은 사용자들이 해당 서비스를 사용하면서 축적한 방대한 로그를 분석하면서 엔진을 개선하는 꾸준함으로 성능이 개선될 것이다.

그런 면에서 볼 때 구글이 가장 유리한 입장이 될 전망이다. 구글은 안드로이드의 SDK에 음성인식 API를 공개해 음성 키보드를 어떤 앱에서든 사용하도록 함으로써 음성 인식 데이터를 확보하고 엔진 개선에 활용하고 있다. 비록 애플이 Siri를 가장 먼저 선보였지만 음성검색 결과를 제공하는 데 가장 중요한 자연어 검색과 검색 데이터는 울프럼 알파를 부분 활용하고 있다. 사실 이러한 기능은 내부 기술로 내재화하여 지속적으로 개선해가야 하기에 향후 애플의 대응이 주목된다.

그리고 더 중요한 것은 상기의 서비스가 폰에 자연스러운 UI로 통합되어 제공되는 것이다. 그런 마케팅적인 면은 애플과 구글이 스마트폰 제조사나 기존 포털보다 더 유리한 위치에 서있다. 웹에서 엄청난 비즈니스 모델을 만든 웹 검색이 모바일에서 음성 검색 서비스로 진화하면서 거대한 시장을 만들어가고 있다.

● **진화하는 사물인식과 제스처인식**

센서, 인식, 검색 엔진의 발전은 기계가 사람처럼 현실계의 많은 현상을 자동으로 이해할 수 있는 똑똑한 기술을 만들어내고 있다. 음성과 필기 외에 카메라로 사물을 인식하는 데서 더 나아가, 사람의 몸짓이나 손짓을 이해하는 제스처 인식 기술의 진화는 별도의 입력장치 없이도 다양한 방법으로 기계에 명령을 내릴 수 있도록 해줄 것이다. 사물을 넘어 사람의 얼굴까지 인식하는 기술에 대해서 구글과 인텔은 관련 기업을 인수하면서 스마트폰과 노트북 등에 적용해가고 있다. MS는 키넥트(kinect), 닌텐도는 위(Wii)라는 장치에 제스처 인식 기술을 넣어 좀 더 쉽고 빠르게 사용자의 명령을 기계가 인식할 수 있도록 하고 있다.

데이터 사이언스가 주목받는 빅데이터 시대

센서는 하드웨어 기술 덕분에 발전한다. 그 센서를 통해 현실계 속의 좀 더 다양하고 정교한 정보가 숫자로 변환되어 디지털로 프로세서에 전달된다. 그러나 사실 이렇게 변환된 디지털 신호는 사용자가 필요로 하는 정보를 제공하기에는 아직 턱없이 부족하다.

PC의 시대에서 스마트폰의 시대로 바뀌면서 크게 변화된 것은 이 기기를 사용하는 사용자의 로그인 패턴이다. PC의 경우 'Personal Computer'라는 이름과 달리 실제 컴퓨터를 사용하는 사용자가 유일한 한 사람이 아니다. 집에 있는 컴퓨터만 해도 가족 구성원 모두가 사용하지 오로지 한 명만 사용하는 것이 아니다. 또한, PC에 설치해서 사용하는 인터넷 서비스는 항상 로그인한 채 사용하지 않는다. 네이버의 검색을 사용하기 위해 로그인한다거나, 다음의 뉴스를 보기 위해 로그인하지 않는 것처럼 웹 서비스는 필요할 때에만 로그인할 뿐, 대부분 로그인하지 않은 채 사용한다.

반면 스마트폰은 사용자가 유일하며, 24시간 통신망에 연결된 채 로그인되어 있다. 아이폰을 개통한 이후 우리는 아이튠즈에 항상 로그인된 상태에서 사용한다. 유료 결제가 필요할 때만 비밀번호를 입력하고 그 외에 애플의 아이클라우드 등을 사용할 때에는 항상 로그인이 된 상태에서 사용하게 된다. 안드로이드 폰의 경우에는 최초 개통 후 구글 계정으로 로그인해두면 결제할 때조차도 비밀번호를 입력하지 않아도 된다. 항상 24시간 구글에 로그인된 채 스마트폰을 사용하게 된다.

카카오톡이나 마이피플, 트위터, 페이스북 등은 반드시 로그인을 해야만 사용할 수 있으며 한 번 로그인하면 스마트폰을 사용하는 내

내 자동으로 로그인되어 있다. 네이버 앱, 다음지도 앱 등은 로그인을 하지 않은 채 사용해도 되지만 한 번 로그인을 해두면 좀 더 편리하게 서비스를 사용할 수 있다.

이렇게 PC와는 다른 스마트폰의 사용 경험은 서비스 사업자에게도 고정관념의 변화를 가져다주고 있다. 기존보다 더 많이 쌓여가는 고객 정보(로그인 정보 이외에 서비스를 사용한 내역에 대한 정보들)를 어떻게 이용할 것인지가 숙제다. 고객들의 빅데이터(Big DATA)는 고객에 대해 조금 더 자세하게 알 수 있도록 해줌으로써 좀 더 나은 서비스를 만드는 데 활용된다. 이 데이터가 결국 사용자의 컨텍스트를 이해하고 맞춤형 정보를 제공할 수 있도록 해준다.

이처럼 새로운 시대에 찾아가는 서비스를 제공하기 위해서는 사용자의 데이터를 잘 모으는 것도 중요하지만, 이 데이터를 효과적으로 분석하는 분석 기술 또한 중요하다. 향후에는 이처럼 방대한 고객들의 실시간 행동 데이터를 수집하고 이를 분석하는 기술을 가진 기업이 시장의 헤게모니를 주도할 것이다.

● 어디서든 수집되는 고객 데이터

자동차에 부착하는 블랙박스는 5년 전만 해도 아무짝에도 쓸모없는 황당한 제품으로 취급받았다. 경찰차 등의 특수 목적의 차량에만 가치가 있을 뿐 일반 자동차에는 사치품을 넘어 필요 없는 제품 취급을 받았다. 하지만 지금 블랙박스는 안전 운행과 사고 증거 확인을 위해 차량의 필수품이 되어가고 있다. 또한 아파트, 건물, 엘리베이터, 공공장소와 시내 곳곳에 CCTV가 설치되어 현실계의 일거수일투족이 기록되고 있다. 심지어 이러한 데이터는 과거와 달리 디지털화되어 보존 기간이 길어졌으며 네트워크에 연결되어 관리되고 있다. 시간이 흘러가면서 현실계에 쌓여가는 우리의 추억과 경험들이 디지털로 데이터화되고 있다. 물론 이 데이터를 오용하면 빅 브라더 등의 사회적 문제가 발생할 수 있으며, 악용되면 개인정보가 유출되거나 범죄에 이용될 수 있다. 데이터 수집과 분석이 지금보다 좀 더 유익한 삶을 가져다준다는 장점 쪽으로 평가를 받기 위해서는 많은 이들의 노력이 필요할 것이다.

멀티태스킹을 하는 사람들

에릭슨 컨슈머랩(Ericsson ConsumerLab)이 2011년 말 발표한 'TV 미디어 컨슈머 인사이트' 보고서에 따르면 한국 사용자들은 1인당 3.8개의 스크린을 이용하며, 10명 중 7명 이상은 TV를 보면서 스마트폰으로 온라인 채팅이나 SNS를 이용한다고 한다. 전 세계적으로 이러한 소셜 TV 현상이 보편화되고 있는데, 특히 한국 이용자의 91%가 이러한 사용 행태를 보인다고 한다. 그리고 이들 이용자의 39%는 시청 중인 프로그램 내용이나 스토리, 출연자들이 입고 있는 옷 등에 관해 이야기를 나눈다고 한다. 스마트폰, 태블릿의 보급과 함께 2개 이상의 스크린을 동시에 보는 멀티스크린 시대가 본격화되고 있다. 이러한 시대에는 각 스크린들이 서로 연결되고 상호 작용되는 인터랙션 스크린을 필요로 할 것이다.

2개의 스크린을 동시에 보는 사람들

1980년대 라디오 시대엔 많은 학생들이 도서관에서 이어폰을 귀에 꽂고 〈별이 빛나는 밤에〉를 들으며 공부를 했다. 워크맨 열풍이 불어 닥친 1990년대는 버스, 길거리에서 팝송이나 가요를 들으며 이동하곤 했다. 물론 지금도 MP3 플레이어와 스마트폰으로 음악을 들으며 걸어 다니고 공부하는 사람들이 넘쳐난다. 그러나 인간의 오감(시각, 청각, 후각, 미각, 촉각) 중 2개 이상을 동시에 느낄 수는 있지만 같은 감각을 동시에 2개 이상 느끼긴 어렵다. 즉, 공부하고 일하면서 음악을 들을 수는 있지만 2개의 소리를 동시에 듣거나 2개의 장면을 한 번에 집중하는 것은 어렵다. 그렇다 보니 거실에 있는 TV와 방에 있는 PC는 서로 다른 시간을 점유할 수밖에 없다. 2000년대 PC의 본격적인 성장과 함께 인터넷 시대가 개막되면서 거실에 있던 TV는 외면받기 시작했다. PC 사용 시간이 TV 시청 시간을 추월하면서 방송사들이 지배하고 있던 광고 시장도 큰 변화를 맞게 되었고, 구글, 네이버, 다음과 같은 인터넷 기업들이 광고 시장의 점유율을 늘려갈 수 있었다.

그런데 2010년대 스마트폰의 보급은 시간점유율의 변화를 가져오고 있다. 스마트폰은 항상 휴대하면서 사용할 수 있기 때문에 거실에 있는 TV 앞에서도, 방에 있는 PC 앞에서도, 영화관에서 영화를 보면서도 틈틈이 볼 수 있다. 물론 동시에 TV와 스마트폰 화면을 볼 수는 없지만 병행하면서 사용할 수 있다. 그렇다 보니 제한된 하루 24시간이 늘어나지는 않았지만, 두 개의 기기를 병행 사용하면서 각 기기의 사용 시간이 늘어나고 있다.

　PC 등장 이전에 평균적으로 하루 3시간은 TV, 1시간은 책, 잡지, 무가지, 30여 분은 라디오를 보고 듣던 우리 일상이 PC가 등장하고 스마트폰이 보급되면서 큰 변화를 맞게 되었다. TV나 라디오를 PC나 스마트폰으로 보고 들을 수 있게 되면서 PC와 스마트폰 사용 시간이 TV와 라디오를 사용하는 시간을 대체하고 있고, 지하철과 버스, 길거리, 화장실에서 틈틈이 스마트폰 화면을 보면서 기존보다 더 많은 시간을 인터넷에 연결된 스크린과 함께 하고 있다. 아마도 우리의 하루 삶을 돌이켜보면 스마트폰 2~3시간, PC 1~2시간, TV 1시간 정도를 보지 않을까 싶다.

　이렇게 하나의 시간을 2개 이상의 기기들이 점유하고 있어 우리는 더욱더 농축적으로 인터넷에 연결된 시간을 살아가고 있다. 특히 기

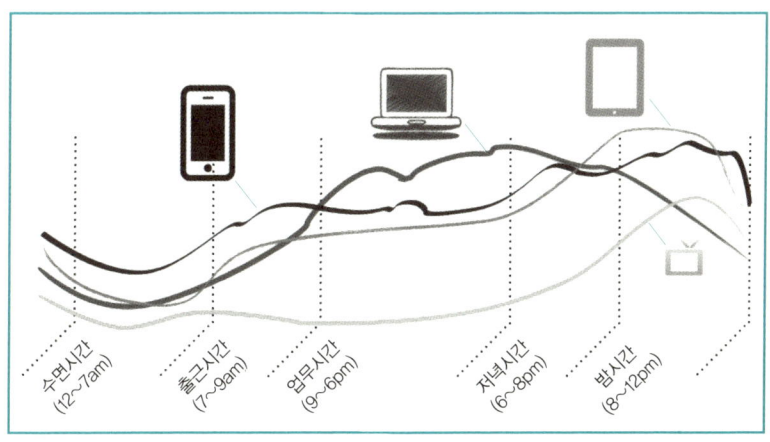

우리의 하루 24시간

술의 발전으로 인하여 현실 속에서 가상의 데이터를 쉽게 볼 수 있게 되면서 현실 곳곳이 가상과 결합되어 가고 있다. 구글에서 만들고 있는 구글 글래스라는 안경은 현실과 가상의 결합이 가져올 미래를 보여주는 좋은 사례이다. PC, 스마트폰, 태블릿, 스마트TV를 넘어 구글 안경과 같은 일상의 제품들이 인터넷에 연결되면서 우리는 더 많은 시간을 인터넷에 연결되어 살아갈 것이다. 더 많은 디지털 기기들이 우리의 24시간을 점유해가며 현실과 가상은 혼합되고 통합되어갈 것이다.

● 엄지손가락이 커져가는 사람들

유인원은 인간처럼 다섯 손가락을 가지고 있지만, 가장 큰 차이점은 엄지손가락이 다른 네 손가락에 비해 짧다는 것이다. 반면 인간의 엄지손가락은 유인원에 비하면 긴 편이다. 그런데 현대 사회에 살아가는 인간의 엄지손가락은 아마도 앞으로 더욱 길어지지 않을까 싶다. 스마트폰은 한 손에 들고 화면을 손가락으로 터치해가며 조작해야 하는 특성이 있는데, 스마트폰의 크기가 커져가면서 엄지손가락이 길어야 좀 더 폰을 쉽게 조작할 수 있을 것이기 때문이다. 기계와 과학이 인류 문명과 삶의 질을 향상시킨 것은 사실이지만, 때로는 그 기술이 인류를 위해 진화하는 것이 아니라, 거꾸로 인류가 그 기술에 맞춰서 진화해가는 것은 아닌가 하는 착각이 들 정도이다.

사람과 사람을 넘어 기계와 기계의 연결

인터넷에 연결된 기기는 사용자가 내린 명령이나 설정한 선택에 의해서 인터넷 저 너머 어딘가에 연결된 거대한 컴퓨터(서버)와 데이터를 주고받는다. 그런데 한 사람이 사용하는 기기들이 많아지면서 기기와 서버가 아닌 기기와 기기 간에 연결될 필요성이 높아지고 있다. 우리가 사용하는 컴퓨터가 한 대였을 때에는 PC와 거대 네트워크의 연결만 신경 썼지만 여러 대의 디지털 기기를 사용하게 되면서 이들 기기 간 연결과 서버의 중계가 중요해지고 있다.

PC 기반의 웹 시대에는 컴퓨터 앞에 앉은 사람이 컴퓨터 너머 인터넷에 연결된 다른 컴퓨터에 연결했다. 브라우저에 'www.naver.com'을 입력하는 것은 네이버가 운영하는 거대한 컴퓨터에 내 PC를 연결시키는 것이다. 그렇게 연결해야 네이버가 제공하는 다양한 서비스를 제공받을 수 있다. 스마트폰으로 개막된 모바일 시대는 전 세계의 사람들 손에 들린 폰으로 사람을 연결하는 시대이다. 내 폰에 설치된 카카오톡이나 페이스북을 실행해 다른 폰을 쥐고 있는 사람을 연결할 수 있다. 물론 웹의 시대에도 컴퓨터를 이용해 사람들을 연결해주는 서비스(카페, 네이트온, 미니홈피 등)들은 있었다. 하지만 웹의 서비스들은 사람 간 연결보다는 PC 중심, 콘텐츠 중심, 커뮤니티 중심으로 사람을 연결하는 방식이었다. 그에 반해 모바일 시대의 소셜 네트워크 서비스는 메시지나 콘텐츠 등의 서비스보다 사람 간 네트워크를 더 중시하고 있다.

그렇다면, 앞으로의 미래는 어떻게 될까? 책상, 거실, 방, 그리고 손 위, 주머니, 가방 등 도처에 늘어나는 디지털 기기들이 사람을 둘러싸고 있다. 이들 기기들 일부는 PC, 스마트폰, 태블릿처럼 직접 인터넷에 연결되어 기존처럼 기계와 사람을 연결시켜줄 것이다. 하지만 일부 기기들은 비용과 제품 특성상 인터넷에 직접 연결되지 못하고 PC나 스마트폰 등을 거쳐서 연결되거나 기기들 서로 간에 연결됨으로써 사용자에게 더 나은 서비스를 제공할 것이다. 이런 기기들이 많아지면 많아질수록, 연결되면 연결될수록 더 나은 사용자 체험을 기대할 만하다.

대표적인 것이 시계이다. 손목에 차는 장신구 이상의 가치가 없어진 시계는 더 이상 시간을 보기 위한 것이 아니다. 휴대폰, PC, TV, 그리고 버스, 지하철, 거리 어디에서나 쉽게 시간을 확인할 수 있게 되면서 시계의 가치가 사라져가고 있다. 하지만 시계도 새로운 시대에 맞춰 변해가고 있다. 소니의 스마트 시계인 페블(Pebble), 그리고 나이키 시계 등은 단순히 시간을 알려주는 용도의 액세서리가 아니다. 이들 시계는 스마트폰이나 PC와 연결되어 시계 이외의 기능을 제공한다. 그날의 날씨, 스마트폰에 새로 도착한 메시지 내용, 전화를 건 상대방 이름 등, 스마트폰을 보지 않아도 쉽게 확인할 수 있는 정보를 보여준다. 또한 하루에 얼마나 걸었는지 디지털 만보계 역할도 한다. 운동한 내역을 기록하고 이것을 스마트폰이나 PC를 통해 인터넷에 저장하고 관리할 수 있도록 해준다. 시계가 다른 기기와 연결됨으로써 새로운 부가가치를 창출해내는 것이다.

킥스타터에서 주목받은 페블 시계

내가 사용하는 기기들이 상호 연결되어 작용하면서 나를 위한 더 유익한 서비스와 사용자 체험을 제공한다. 또한, 이렇게 기기 간 주고받은 데이터들은 인터넷 저 너머에 저장됨으로써 모이고 모여서 더 나은 서비스를 제공하는 데 이용되기도 한다.

● 가전기기의 네트워크화

오랜 시간 우리 집안을 차지하고 있는 백색가전으로는 TV, 세탁기, 냉장고, 에어컨, 전자레인지 등이 있다. 최근에는 김치냉장고와 비데, 정수기 등도 가정의 필수품이 되어가고 있다. 이들 기기들에는 인터넷 연결 기능이 제공되고 있지는 않다. TV는 IPTV라는 방식이 등장하면서 인터넷 연결이 되고 있지만 아직 보편적이지는 않다. 하지만 PC와 노트북, 스마트폰과 태블릿 등의 인터넷 연결이 지금은 당연시되는 것처럼 이들 가전기기의 인터넷 연결은 거스를 수 없는 흐름이다. 가정 내에 있는 이들 장치는 WiFi 같은 국지 네트워크나 이미 인터넷에 연결된 다른 기기에 연결되는 방식으로 각 기기 간에 연결될 것이다. 이렇게 기기들이 서로 연결될 때 그 중심에 있는 것은 사람이다. 사람이 모든 기기의 중심에 서게 되며 모든 기기는 사람을 중심으로 동작될 것이다. 이들 기기는 사람이 필요로 하는 것을 더 똑똑하게 자동으로 제공할 것이다. 이때 중요한 것은 각 기기들이 상호 연결되는 통신 기술과 이들 기기들을 통해 쌓여가는 데이터들을 분석하는 기술, 그리고 이러한 기술로 구현될 서비스들이다. 냉장고, 세탁기, 에어컨 등이 상호 연결됨으로써 사용자는 기존과 다른 어떤 편리함과 새로운 가치를 제공받게 되는지 제시해야 한다. 그렇게 제시된 가치를 위한 기술과 서비스가 미래의 중요한 비즈니스 모델이 될 것이다.

N스크린과 멀티스크린의 조화

ICT 상에서 서비스를 제공하는 기업들은 PC 기반의 웹에서 보이는 홈페이지만 고민해서는 안 된다. 이제는 스마트폰에서 고객들을 어떻게 만날지, 어떤 서비스를 제공할지 고민해야 하는 시대이다. 대한항공, 삼성전자, 네이버, SKT, 국민은행 등 모든 기업은 웹을 통해서 고객을 만나는 것은 물론 스마트폰을 통해서도 서비스를 제공하고 있다. 더 나아가 아이패드나 태블릿과 같은 10인치 스크린에 대한 서비스 지원도 고려해야 한다. 더욱 많아지는 스크린 속에서 고객들을 어떻게 만나고 어떤 가치를 제공할지 고민해야 한다. 단지 웹에서 제공하던 홈페이지의 고객 서비스를 스마트폰 앱으로 제공하는 정도의 복사 수준이어선 안 된다.

각각의 스크린은 저마다 사용 장소와 용도, 그리고 사용자 체험이 다르다. 사용자가 기대하는 바가 다른 만큼 각 스크린별로 고객에게 어떤 가치를 제공할 것인지를 고려해 대응해야 한다. 현대카드는 MY MENU라는 스마트폰 앱을 서비스하고 있다. 현대카드 고객의 카드 사용 통계 정보를 활용해 고객이 즐겨 찾는 외식 장소 정보를 카드 혜택 정보와 함께 제공하는 서비스이다. 현대카드는 웹에서 자사 카드 고객을 위해 결제 내역과 다양한 카드 혜택, 마일리지 정보 등을 제공하지만 스마트폰 앱에서는 사용자들이 필요로 하는 맛집 정보 서비스를 입체적으로 제공하고 있다. 맛집 서비스는 그동안 네이버의 윙스푼처럼 포털이나 인터넷 기업들이 제공하던 서비스임에도 현대카드는 스마트폰에서의 고객 가치 증대를 위해 이러한 서비스를 제공하고 있다. 기존 포털과는 다른 방식의 맛집 정보를 제공함으로써 현대카드의 브랜드 가치를 높이고 신규 고객 확보에도 도움이 되고 있다.

MBC와 SBS는 합작 회사를 만들어 푹(pooq)이라는 서비스를 시작했다. 웹, 스마트폰, 아이패드에서 TV에서 보던 MBC, SBS, KBS, EBS, 그리고 방송 3사의 다양한 채널을 시청할 수 있는 서비스이다. CJ헬로비전 역시 CJ엔터테인먼트를 통해 생산된 콘텐츠와 CJ헬로비전의 다양한 케이블 방송 채널을 티빙(tving)이라는 서비스를 통해서 제공하고 있다. 기존에 보유하고 있던 TV 채널을 벗어나 다양한 스크린에서 TV와 다른 체험으로 비디오를 시청할 수 있도록 하는 것이다.

더 나아가 미국 방송사 ABC는 TV를 시청하면서 아이패드의 ABC My generation 앱을 이용해 현재 시청 중인 TV 프로그램의 장면과 관련된 추가적인 정보와 서비스를 얻을 수 있게 했다. TV는 TV대로 방송이 송출되고 아이패드에서는 TV가 아닌 TV와 관련된 부가적인 정보가 서비스로 제공된다.

N스크린, 멀티스크린에 대한 대응은 PC에서 보던 것을 스마트폰이나 태블릿에서 그대로 보는 방식이 아니라 각 기기의 특성에 맞춰서 형태나 구성, 디자인 등을 달리하는 방식이어야 한다. 더 나아가 각 스크린들이 서로 연결되어 상호 작용하면서 새로운 체험을 줄 수 있어야 한다. 그것이 스크린이 늘어감에 따라 대응할 전략이다.

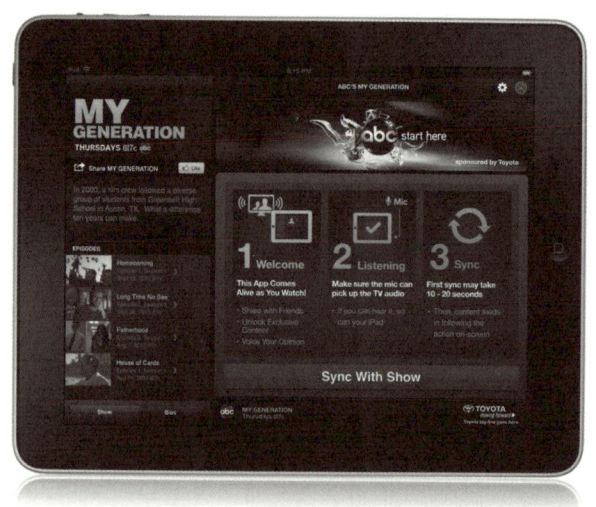

TV 프로그램 시청 중 동시 사용 가능한 아이패드용 앱, MY Generation

● 기술 최후의 가치는 속도

기술은 갈수록 빨라지는 것을 추구한다. 짧은 시간에 더 많은 성능을 낼 수 있도록 진화해간다. 컴퓨터의 CPU가 그랬고, 인터넷 속도가 그렇고, 스마트폰이 그렇다. 과거 한 시간에 하던 것을 10분에, 1분에 할 수 있게 되었다. 속도가 빨라지면 그 속도가 새로운 가치와 체험을 만들어낸다. 컴퓨터 CPU가 빨라짐으로써 짧은 시간에 더 많은 데이터를 처리할 수 있게 되었고 그래픽 인터페이스 시대가 열리게 되었다. 즉, 이미지로 구성된 윈도우가 등장하고 동영상 기반의 멀티미디어 시대가 열린 것은 더욱 빨라진 CPU 덕분이다. 스마트폰 역시 프로세서의 성능이 좋아지면서 화면의 크기가 커지고 멀티태스킹 등이 가능해지고 있다. 기술의 혁신은 세상에 없던 새로운 것을 창조하는 것뿐만 아니라 이미 선보인 기술의 속도와 성능이 더 빨라지는 것에서도 찾을 수 있다. 앞으로도 PC, 스마트폰, 태블릿, TV 등은 더욱 빨라질 것이다. 그렇게 빨라진 기술이 새로운 혁신을 가져다 줄 것이다. 속도가 빨라지면 새로운 세상이 열린다.

현실, 가상, 환상이 하나로 통합되는 세상

아날로그는 존재하는 것이고 디지털은 존재하지 않는 것이다. 존재하는 것은 눈으로 보고 만질 수 있는 실체가 있지만, 존재하지 않는 것은 실체가 없다. PC와 인터넷으로 만들어진 디지털은 현실 속의 사물과 달리 실체가 없다. 전원을 끄면 디지털은 사라진다. PC가 등장하면서 19인치 모니터 속 세상은 현실과 멀어져야 만날 수 있었다. 현실은 집 밖에 있지만 컴퓨터가 만든 가상 세상은 방 안에 있다. 방에 있는 모니터 속에 빠지면 빠질수록 현실과는 멀어지게 된다. 하지만 점차 현실과 가상은 하나가 되어가고 있다. 뗄 수 없는 한 몸이 되어가고 있다.

현실과 가상을 통합해준 스마트폰 화면

스마트폰 등장 이전, 웹에서 제공되던 지도 서비스는 현실의 공간을 가상으로 들이게 만들었다. 가상의 공간에서 실제 현실 속 공간을 만나게 해주었고, 인터넷에 제공되던 수많은 콘텐츠를 가상 속 현실 지도와 연결시켜주었다. 특정 위치의 도로정보, 교통정보, 상가정보, 날씨정보, 뉴스정보 등을 연결해서 볼 수 있게 되었다.

그런데 이제 스마트폰은 현실 속에서 가상의 디지털을 연결하게 해준다. 가상에서 현실을 만나는 것이 아니라 현실에서 가상을 만날 수 있게 된 것이다. 사실 우리는 24시간 중 PC 앞에 앉아 가상에 연결해 있는 시간보다 회사, 학교, 거실, 방, 거리, 버스, 지하철, 카페 등의 현실에 온전히 안주하는 시간이 절대적으로 많다. 그렇기에 이러한 현실 속에서 가상을 직접 연결하는 것이 더 큰 가치와 편리를 제공하게 된다. 그렇게 현실계에서 가상계를 만날 수 있도록 해주는 중계자가 바로 스마트폰이다. 어디든 우리 손에는 스마트폰이 들려 있고 이 폰이 인터넷에 24시간 연결되어 있다 보니 현실에서 즉각 가상과 조우할 수 있다.

게다가 스마트폰에는 카메라와 마이크, A-GPS가 장착되어 있어 현실계에 대한 정보를 정확하게 추적할 수 있다. 스마트폰의 카메라를 켜고 현실을 비추어 4인치 스크린에 펼쳐진 현실에 가상계의 데이터가 입혀지면 현실에 디지털을 투영해서 볼 수 있다. 이것을 가리켜 증강현실이라고 한다. 인간의 육안으로는 확인할 수 없었던 데이터들이 스마트폰 카메라를 통해서는 볼 수 있는 것이다. 비행기 조정사의 헬멧에 제공되는 스크린을 통해서 보이는 다양한 운항 관련 정보들이 정교한 비행기 조정을 가능하게 해주는 것처럼 현실 속에서 스마트폰이 제2의 두뇌 역할을 해준다. 굳이 검색하려 하지 않아도 자동으로 필요로 하는 정보들이 스마트폰 스크린을 통해서 제공된다.

스마트폰으로 건물을 비추면 해당 건물에 대한 상세한 정보(건물의 건평, 가격, 소유주, 매매정보 등)가 나타나고, 카메라에 비춰진 거리의 30m 뒤쪽에 보이지 않는 맛집에 대한 정보를 보여준다. 중국 잡지의 모르는 단어를 스마트폰으로 비추면 자동으로 해당 단어의 뜻이 번역되어 스크린에 뜬다. 듣도 보지도 못한 와인을 스마트폰 카메라로 비추면 해당 와인에 대한 상세한 정보와 가격, 원산지, 그리고 평가 내역들을 볼 수 있다. 이 모든 것이 스마트폰의 증강현실 기술과 검색 기술의 결합을 통해서 제공될 수 있는 것들이다.

PC는 가상에서 현실을 만나게 해주었고, 스마트폰은 현실에서 가상을 만나게 해주었다. 앞으로의 기술은 현실과 가상이 완전히 하나로 통합되는 세상을 만들어줄 것이다. 가상 속에 펼쳐진 현실공간은 현실보다 더욱더 실사에 가깝게 될 것이며 실시간으로 동기화될 것이다. 지금의 가상 속 현실은 이미 지난 현실의 찌꺼기일 뿐이다. 구글 지도에 나오는 뉴욕의 거리 사진이나 다음 지도에 뜨는 위성사진, 네이버 지도에서 검색된 맛집의 평가는 모두 하루, 아니 한 달, 때로는 1년 지난 과거의 데이터일 뿐이다. 또한, 이들 사진이 아무리 고화질로 촬영된 것이더라도 실제 가서 보는 것만큼 현실감이 느껴지지는 않는다. 하지만 앞으로 3D와 실시간 촬영 등의 기술 발전은 현실보다 더욱 현장감 있는 가상 속 현실을 가져다줄 것이다. 심지어는 이렇게 현실의 디지털라이징과 함께 쌓인 현실계의 데이터들을 분석해 현실이 아닌 미래를 예측해주기도 할 것이다.

현실에서 가상의 인터넷 데이터를 만나게 되는 것 역시 더욱 간편해질 것이다. 스마트폰을 이용해서 보는 것을 넘어 주변 사물들을 통해서 좀 더 쉽게 가상 속 데이터와 연결할 수 있을 것이다. PC에서처럼 필요로 하는 것을 찾아 나서지 않아도 주변에 있는 현실계 속 사물들이 인터넷에 있는 데이터들과 긴밀하게 매핑되어 사용자가 필요로 하는 것을 적재, 적시에 제공하게 될 것이다. 현실과 가상이 하나로 통합되는 세상이 되는 것이다.

자동으로 문자를 번역해주는 Word Lens

● **스마트한 사전, 워드렌즈**

증강현실 기술을 이용한 워드렌즈(Word Lens)라는 스마트폰 앱은 스페인어, 이탈리아어, 프랑스어를 영어로 번역해주는 사전이다. 일반적인 사전과 다른 점은 단어를 타이핑해서 입력하는 것이 아니라 카메라를 이용해 비추면 자동으로 뜻이 번역되어 나타난다. 그런데 번역된 내용이 텍스트로 나타나는 것이 아니라, 스마트폰 화면에 비춰진 영상 위에 표시된다. 즉, 스페인어로 된 도로 표지판을 워드렌즈로 비추면 스페인어로 표시된 문자가 사라지고 그곳에 영어가 나타난다. 워드렌즈 앱으로 세상을 비춰보면 외국어로 표시된 단어가 눈앞에서 전부 사라지는 것이다. 워드렌즈가 구글 안경에 적용되면 굳이 사전 검색을 하지 않아도 단어의 뜻이 자동으로 안경에 표시될 것이다.

현실 속에서 게임을 하는 미래

현실에 살면서 환상에 취해 사는 사람들이 있다. 그런 사람들은 현실에서 귀신을 보기도 하고, 신을 만나기도 하며, 환청과 환각에 사로잡히기도 한다. 사람들이 보지 못하는 것을 보는 것이 그들의 특징이다. 그런데 사실 종일 PC 앞에 앉아 게임에 빠져 사는 사람들 역시 인간이 만든 환상계에 젖어 현실을 보지 못하는 사람들이다. 인위적인 환상이 만들어낸 게임에 너무 몰입하다 보면 현실을 잊은 채 환상 속에 갇혀 살게 된다.

그런데 환상계가 현실계와 만나는 것이 가속화되고 있다. 게임이 현실과 만나게 된 것은 닌텐도 위가 만들어지면서부터다. 위 게임기는 거실 TV에 연결해서 현실 속 우리의 움직임을 추적해 그것을 게임에 반영시켰다. 그러다 보니 게임에 몰입하는 것이 그저 환상 속 허상에만 몰두하는 것이 아니라 현실 공간에서 몸을 움직여가며 반응하는 것이다. 즉, 주변의 사람들과 함께 게임을 즐기면서 현실 그 자체에 집중하고 현실이 게임 속 환상계에 투영된다. 이후 MS 키넥트는 실제 우리의 제스처를 더욱 정교하게 인식할 수 있도록 고도화되어 현실을 환상계에 좀 더 정확하게 매핑하도록 해주었다. 키넥트는 게임을 넘어 나이키 등과 제휴해 가정 내에서 운동을 할 수 있는 제품으로 포지셔닝했다.

그간 게임과 현실은 괴리가 있었다. 게임을 열심히 하면 할수록 현실과는 멀어져 오타쿠를 만들고 사회 부적응자를 양산했다. 하지만 내일의 게임은 현실과 통합되면서 현실과 환상의 간극을 좁혀가게 될 것이다. 에어드론(AR. Drone)이라는 게임기는 스마트폰이나 아이패드로 비행체를 조작할 수 있게 한다. 게임기와 아이패드를 WiFi로 연결한 후 앱을 실행하면 이 비행체를 조작할 수 있다. 그런데 에어드론에는 카메라가 장착되어 있어 비행체 전면을 촬영해서 아이패드로 보내준다. 에어드론이 촬영한 영상은 현실 속 실체이며 이렇게 아이패드 스크린에 펼쳐진 현실에 제2의 에어드론이 나타나면 두 비행체는 서로 미사일을 쏘면서 대전을 할 수 있다. 화면에 보여지는 적기와 장애물은 모두 현실이지만 서로 쏘아대는 총탄과 미사일은 환상이다. 현실과 환상이 서

현실과 환상을 결합한 융합 게임기, AR. Drone

로 통합되어 새로운 게임의 체험을 가져다 준 것이다.

야구 게임을 안방이 아닌 실제 야구장에서 즐기고, 축구 게임을 축구장에서 즐기는 세상이 환상계와 현실계가 만나 새롭게 제공하는 게임의 시장이다. 미래는 신이 창조한 현실과 인간이 만들어낸 가상과 환상, 이 모든 3계가 서로 통합되면서 지금과는 다른 차원의 입체적인 삶의 공간을 만들어낼 것이다.

● **현실과 괴리된 가상현실의 한계**

한 때 세컨드 라이프(Second Life)라는 가상현실의 서비스가 주목을 받았던 때가 있다. 이 서비스는 인터넷 가상공간에서 실제 삶을 구현한 서비스이다. 심시티(Simcity) 같은 게임과 다른 점은 이렇게 만들어진 가상현실이 완전한 환상이 아니라 실제 사람들이 참여해서 만든 가상 속 실체가 있다는 점이다. 즉, 세컨드 라이프에서는 실제 현실처럼 사람들이 아바타를 내세워 자신을 대변하고 사람들과 만나서 결혼을 하고 아이를 낳으며 건물을 짓고 물건을 거래할 수 있다. 심지어 세컨드 라이프에서만 사용 가능한 가상화폐가 있고 규범과 법이 있을 만큼, 현실을 닮은 가상 속 현실을 만들어낸 것이 세컨드 라이프이다. 하지만 가상 속 현실은 현실과는 전혀 무관한 그저 가상일 뿐이다. 현실계와 가상계의 통합은 두 계에 속한 여러 사물과 요소들이 서로 촘촘히 연결된 세상을 뜻한다. 현실과 단절된 세컨드 라이프가 아니라 현실과 연결된 가상, 증강현실, 더 나아가 통합현실이 미래의 우리가 살아갈 삶이다.

3계의 붕괴

　스마트폰의 증강현실 덕분에 현실 속에서 가상의 데이터를 볼 수 있고, 증강현실 게임 덕분에 현실 속에서 게임 속 환상을 즐길 수 있게 되었다. 게다가 가상과 환상이 현실을 닮아가고 있다. 기술의 발전 덕분에 이제 실제 현실이 아닌데도 가상 속에 현실을 그대로 옮겨 놓는 것이 가능해졌다. 이미 우리는 다음 지도에서 고속도로와 주요 도로 곳곳의 CCTV를 실시간으로 볼 수 있다. 또한, 구글 아트프로젝트, 네이버의 거리뷰, 다음의 스토어뷰 덕분에 전 세계의 주요 박물관과 미술관 속 예술 작품과 서울은 물론 대한민국 곳곳의 거리와 건물, 그리고 심지어는 주요 상점의 내부 속을 들여다볼 수 있다. 현실 속 모든 사물들이 고스란히 가상공간으로 옮겨진 덕분이다.

　또한, 심시티5의 경우 환상계의 게임에 불과하지만 현실처럼 정교한 디자인과 구성이 일품이다. 그 덕분에 실제 현실 속 도시를 그대로 모방한 가상의 도시들이 만들어지고 있다. 어떻게 보면 환상계 속 도시가 현실계 속 도시보다 더 보기 편하게 구성될 수 있다. 현실보다 환상이 더 현실감이 느껴지고 편리해질 수 있는 것이다.

　선풍적인 인기를 끌고 있는 마인크래프트(Minecraft)라는 게임은 환상 속에서 현실처럼 생활을 할 수 있도록 해준다. 필요로 하는 것은 뭐든지 만들어서 생활해야 하는 마인크래프트는 심시티5처럼 사실적인 디자인을 지원하지는 않지만, 현실과 비슷한 생활을 할 수 있는 환상의 공간을 제공하고 있다. 이 공간 속에서 필요로 하는 것을 하나씩

현실처럼 정교한 게임 속 도시

만들고 서로 협력해가며 사회를 만들어가는 게임이다.

이들 게임은 제2의 현실이 되어 우리 삶의 한 부분이 되어가고 있다. 게다가 이 같은 환상계가 현실계를 닮아가고 있어 양쪽 계의 구분이 모호해지고 있다. 특히 스마트폰의 보급과 기술의 발전으로 인하여 이미 현실의 상당 부분이 자동으로 가상과 환상 속으로 복사되고 있다. 이렇게 복사된 데이터들은 가상 속 현실, 환상 속 현실을 구현해줌으로써 3가지 계의 구분을 없애고 있다. 현실 속 많은 정보들이 데이터로 디지털라이징되면서 이 같은 데이터를 인식하고 검색하는 기술 또한 발전되고 있어, 가상과 환상에서 현실을 만나는 것이 더욱 편리해져가는 세상이 우리에게 다가오고 있는 것이다.

● 인식 기술을 개선시켜주는 사용자들의 참여

캡차(Captcha)는 회원가입이나 게시판에 글을 쓸 때에 실제 인간인지 프로그램인지를 구별하기 위해 사용되는, 한 눈에 확인하기 어려운 이미지를 말한다. 이것은 카네기멜론대학교의 루이스 폰 안(Luis Von Ahn) 교수가 발명한 것인데, 이것을 통해 게임화(Gamification)의 원리를 발견했다. 사람들이 캡차에 표기된 문자와 그림을 해독해 데이터를 입력하고 컴퓨터가 제대로 이해할 수 없는 이미지들을 맞춰가는 과정 속에서 데이터가 쌓이고 쌓이면 이미지나 문자를 인식하는 소스로 활용될 수 있다. 실제 ESP Game은 인터넷으로 연결된 두 사람에게 같은 그림을 보여주고 해당 그림을 보고 떠오르는 단어를 입력해서 서로 결과가 같으면 점수가 올라가도록 하는 게임이다. 이 게임을 통해서 수많은 그림들에 대한 키워드가 태그로 기록되고 이미지 검색의 품질을 높이는 소스 데이터로 활용된다. 이 게임은 구글이 인수해서 구글의 이미지 검색 엔진의 라이브러리로 활용되고 있다. 이처럼 인식 기술의 고도화 후에는 이렇게 인식된 디지털 데이터에 메타태그를 기록해 이것을 검색에 활용하거나 다른 데이터와 연결해야 그 가치가 빛을 발하게 된다.

개인의 일상과 반응이 가치를 만든다

　네이버에 방문할 때 사용자들이 가장 많이 클릭하는 것은 실시간 이슈 검색이다. 다음 뉴스에서 사람들이 가장 눈여겨보는 것은 댓글이 많이 달린 뉴스이다. 소비자들이 적극적으로 반응한 검색어와 뉴스에 좀 더 많은 사람들에게 노출될 수 있는 기회가 제공된다. 소비자의 반응이 더 큰 소비를 만들어내는 것이다. PC는 소비자가 소비를 넘어 콘텐츠 생산을 할 수 있는 가능성을 높여주었고, 스마트폰은 소비자가 콘텐츠를 유통할 수 있는 기회를 만들어주었다. 소비자들은 콘텐츠에 반응하고 이렇게 반응한 내용을 서로 공유하면서 더 큰 가치를 만들고 있다.

일상을 나누는 데서 가치가 만들어진다

미니홈피를 통해 일촌들과 일상을 나누는 것은 싸이월드가 등장하기 전에는 쉽게 상상하기 어렵던 것이다. PC 이전에 일상을 나누는 것은 친구와 전화 통화를 해야만 가능했다. 또한, 그 전달하는 내용도 입에서 귀로 전달하는 것이다 보니 현장감이 제한적이었다. 더 나아가 모든 친구들에게 동일한 내용을 전달할 수도 없었고 시간이 지나면 잊혀졌다. 하지만 미니홈피는 사진과 함께 기록된 일상을 일촌은 물론 누구와도 공유할 수 있다. 오늘은 어디를 갔고, 어떤 음식을 먹었는지, 하루 기분은 어땠는지를 친구들과 나눌 수 있다. 친구의 일상이 궁금하면 그의 미니홈피를 방문하면 된다.

미니홈피에서 더 나아간 페이스북은 일상은 물론 내가 좋아하는 뉴스 기사와 인터넷 페이지 등을 공유할 수 있다. 심지어 스마트폰에 최적화된 페이스북 앱은 미니홈피보다 쉽고 빠르게 하루의 경험을 기록할 수 있도록 도와준다. 더 나아가 페이스북에는 수많은 앱과 서비스가 제공되는데, 이러한 앱들의 사용 내역을 친구들과 공유할 수 있다. 페이스북에서 어떤 앱을 설치했고, 그 앱을 통해서 어떤 서비스(게임, 음악, 영화, 책 등)를 사용했는지가 공유된다. 내 일상이 자동으로 친구들에게 공개됨으로써 내 생각과 느낌, 경험을 나눌 수 있다. 이 같은 경험은 그들을 자극해 그들이 새로운 체험을 하도록 유도한다. 즉, 친구가 듣는 음악, 본 영화, 맛본 음식 등을 경험하고픈 욕구를 만들어내고, 이를 통해 새로운 비즈니스 모델이 생겨나는 것이다. 일상을 주변과 나누는 것만으로도 새로운 비즈니스 가치를 발굴하게 된다.

가진 것을 공개하고 나누면 더 많은 기회와 가치가 만들어진다는 것은 인터넷이 보여준 바 있다. 유투브, 구글 지도, 위키피디아, 앱스토어, 안드로이드, TED 등은 개방과 공유로 얼마나 큰 기회가 생기는지 보여준 대표적인 사례이다. 가수들이 유투브에 뮤직비디오를 공개하고 유명 인사들이 부와 재능을 기부하는 사례는 갈수록 늘어갈 것이다. 스마트폰과 태블릿, 그리고 더 많은 휴대용 정보기기의 등장과 센서 기술의 발전은 사람들이 보고, 듣고, 느끼는 오감의 반응을 더 쉽게 디지털화하고, 이 같은 경험 데이터들을 타인과 나누게 해줄 것이다. 또한, 이렇게 사용자들의 적극적인 참여와 공유에 의한 비즈니스가 모든 산업 분야에 적용되어갈 것이다. 연예인의 일거수일투족만 주목받는 세상이 아니라, 우리 개인의 일상이 주목받고 이것이 새로운 가치를 만들어내는 개방의 경제가 내일의 비즈니스이다.

● **함께 즐기는 게임 애니팡**

애니팡이 카트라이더처럼 국민 게임으로 자리 매김할 수 있었던 가장 큰 이유는 카카오톡의 소셜 그래프를 기반으로 친구들과 애니팡의 게임 사용 내역을 공유할 수 있기 때문이다. 애니팡은 구글 플레이나 앱스토어에서 다운로드해서도 사용 가능하다. 즉, 카카오톡 아이디를 등록하지 않고도 사용할 수 있다. 단, 카카오톡 계정 없이 애니팡을 사용하면 하루 제한된 판수만 할 수 있다. 제한 없이 게임을 즐기려면 카카오톡 계정을 등록해야 한다. 이렇게 애니팡을 카카오톡 계정으로 로그인해서 사용하면 카카오톡 친구들과 애니팡에 대한 정보를 공유하게 된다. 친구들끼리 랭킹을 구성해 누가 애니팡을 가장 잘하는지, 점수가 어떻게 되는지를 확인할 수 있다. 친구들의 게임 랭킹이 공유되면서 사람들은 자극을 받게 되고 이것이 게임을 더 열심히, 오래, 많이 사용하게 만든다. 게임에 참여하는 사람들이 많아지고, 그 사람들이 오랜 시간 게임을 하게 되면, 게임 내 아이템 판매량이 늘고 해당 게임을 통해 광고 등의 다양한 비즈니스 모델로 확장하는 것이 용이하다. 애니팡의 성공은 사람들의 반응을 공유하고 나누면서 가능하게 된 것이다.

콘텐츠를 보는 독자에서 콘텐츠를 나르는 독자

네이버나 다음에 게재된 뉴스 기사를 보는 것은 기존 신문을 보는 체험과는 다르다. 우선 매일 아침 신문사가 현관 문 앞에 배달해준 신문지를 기다리지 않고도 수많은 언론사가 생산한 기사를 포털에서 볼 수 있다. 심지어 1개월 아니 1년이 훌쩍 넘은 기사도 검색을 통해서 쉽게 찾아볼 수 있다. 또한 기사를 보고 그 기사에 다른 사람이 덧붙인 댓글을 보는 재미가 쏠쏠하다. 기사가 마음에 들지 않으면 다른 생각을 댓글로 표현하고 공감이 가는 내용이라면 역시 댓글로 생각을 덧붙일 수 있다. 이슈가 많은 기사는 댓글이 1만 개를 훌쩍 넘기도 한다. 심지어 〈오마이뉴스〉는 과거에는 신문사의 독자일 뿐이었던 시민들을 기자로 참여시켜 무려 10만 명이나 넘는 사람들이 기사를 생산하게 했다.

디지털 시대 이전에도 기업 입장에서 소비자들은 하늘과 같이 소중하고 고마워해야 하는 존재였다. 하지만 소비자들의 권력은 미미했고 기업은 소비자들을 무서워하진 않았다. 하지만 인터넷의 보급과 더 나아가 스마트폰에서 주목받는 페이스북, 트위터, 카카오톡 등의 서비스들로 인하여 사용자들은 서로 가진 정보를 나누고 전파하며 특정 브랜드나 상품에 대한 비판과 공동 대응을 할 수 있게 되었다. 소비자들이 한목소리를 낼 수 있는 기회와 집단화할 수 있는 가능성을 갖추게 되면서 기업은 소비자를 무서워하게 되었다. 사실 이러한 대중의 목소리가 높아지게 된 것을 가장 두려워하는 것은 정치권력 집단이다. 인터넷 시대를 넘어 모바일 시대가 오면서 작은 불씨가 큰 불로 커질 수 있는 가능성이 높아졌기 때문이다.

소비자들은 기업의 잘못이나 제품에 대한 불만을 혼자 삭히거나 고객센터에 접수하는 정도의 소극적인 행동을 넘어, 적극적으로 블로그와 아고라, 각종 전문 커뮤니티 게시판, 그리고 트위터, 페이스북, 카카오톡 등과 같은 SNS를 통해서 전파한다. 한 개인의 불만이 전체 대중에 전염될 가능성이 높아진 것이다. 특히 스마트폰의 카메라 덕분에 생각과 감정을 더 생생하게 전달할 수 있게 되었다. 사실 PC 기반의 웹에서는 누구에게나 글을 생산할 수 있는 기회가 주어졌지만 아무나 콘텐츠를 생산할 수는 없었다. PC는 접근성과 즉시성이 떨어져 만반의 준비를 해야만 글을 쓸 수 있었기 때문이다. 하루 반나절 이상을 거리나 상점, 대중교통에서 지내는 자영업자나 영업사원 등에게 책상 위에서 사용해야 하는 PC는 쉽고 빠르게 콘텐츠를 생산하기 적합한 기기가 아니다. 당장 떠오른 불만과 생각을 집이나 회사로 복귀해 책상에 앉아서 정리하려고 하면 이미 생산 의지는 한 풀 꺾이고 만다. 게다가 PC는 사용이 쉬운 장치는 아니다. 100여 개 이상의 복잡한 키로 구성된 키보드나 클릭과 더블클릭, 마우스 포인터 이동은 노인이나 아이들에게 그리 만만하지 않다.

반면 스마트폰은 언제나 들고 다니며 사용할 수 있는데다가 항상 인터넷에 연결되어 있다. 콘텐츠의 생산과 유통의 혁신이 이루어졌다. 좀 더 많은 사람들이 콘텐츠 생산에 참여하게 되었고, 그들이 콘텐츠를 주변에 전파하는 중계자가 되었다. 트위터, 페이스북, 카카오톡 등의 서비스에서는 사용자들이 콘텐츠 생산에만 참여하는 것이 아니라, 페이스북의 Like, 트위터의 RT, 카카오톡의 메시지 복사하기와 붙여넣기를 통해 반응하고 전달함으로써 참여한다.

PC 이전에는 오로지 소비만 하던 시청자, 독자들이 PC와 인터넷의 등장으로 인하여 생산에 참여하게 되었고, 스마트폰의 등장과 함께 유통에 관여하게 된 것이다. 일례로 2012년 9월 세계를 열광시킨 싸이의 '강남 스타일'은 유투브에 게재한 이후, 트위터와 페이스북 등을 통해 사용자들의 입에서 입으로 전달되면서 그 어떤 매스미디어도 해내지 못한 세계적인 관심을 불러일으킬 수 있었다.

앞으로의 시대는 소비자, 사용자들의 참여와 반응을 불러일으키는 제품과 브랜드, 기업, 정부, 개인이 성공하게 된다. 즉, 제품 구매 때 한 번 관계 맺는 데 그치는 것이 아니라 사용자의 지속적인 반응과 참여를 만들어내는 커뮤니티를 구성하는 것이 제품의 성공을 결정하게 된다. 이미 아이폰과 킨들 그리고 스타벅스 등이 이러한 트렌드 변화를 증명해주고 있다. 아이폰, 킨들 등의 전자제품은 한 번 팔고 끝나는 제품이 아니라 지속적으로 사용자들이 이들 제품과 브랜드에 대해서 반응하며 제품의 사용법, 특장점, 활용도를 공유하고 있다. 스타벅스 역시 단지 커피를 마시는 공간이 아니라 문화를 나누고 만들어가는 커뮤니티 공간으로 자리매김하면서 커피숍의 새로운 가치를 발굴해냈다. 이 모든 과정은 앞으로도 더욱 가속화되면서 사용자들이 단지 소비자가 아니라 제품의 브랜드와 제2의 가치를 만들어내는 제2의 생산자로 발돋움하게 될 것이다. 이러한 사용자의 변화와 니즈를 극대화하는 방향으로 마케팅과 비즈니스는 강화되어야 한다.

● 매체의 경쟁력은 유통력에서 나온다

국내 언론 시장의 최대 강자는 조선일보이다. 조선일보가 최대의 언론사가 될 수 있었던 것은 조선일보가 가진 훌륭한 기사 생산력이 아니라 기사 전파력 덕분이다. 1970년대부터 1980년대에 이르기까지 대한민국 전국에 24시간 내 소식을 전달하는 매체로서 가장 영향력 있는 매체는 언론사였고, 그중 전국에 신문 배급소를 가진 조선일보는 단연코 최고의 미디어 유통 파워를 가지고 있었다. 그런 언론사보다 더 큰 매체력을 갖추게 된 것은 방송사이다. 1990년대부터 TV 보급대수가 늘어가면서 MBC, KBS는 24시간이 아니라 반나절 만에 전국에 최신 소식을 전파할 수 있게 되었다. 저녁 9시 뉴스를 보면 대한민국에서 벌어진 그날의 사건, 사고를 확인할 수 있다. 하지만 방송은 빠른 속도로 전국에 메시지를 전파할 수는 있지만 제한된 시간으로 인하여 다양한 뉴스를 소개하지는 못한다. 그런 면에서 언론과 방송은 상부상조하며 매스미디어로서 자리매김할 수 있었다. 하지만 2000년대 포털의 등장과 함께 언론과 방송의 장점 전부를 온라인 미디어가 소화하기 시작한다. 포털의 홈페이지 메인에서 유통되는 뉴스는 언론과 방송이 가지고 있던 전파력과 콘텐츠의 다양성을 대체해버렸다. 포털에는 국내 수백 곳의 언론사 뉴스와 잡지 콘텐츠가 제공되고 있다. 독자들은 더 이상 언론사의 브랜드를 기억하지 못하고 포털이 제공하는 기사만을 소비할 뿐이다. 또한, TV팟과 유투브, 그리고 포털의 동영상 서비스는 방송의 일부 역할을 대체했고, 실시간 이슈 검색은 방송사보다 빠른 시간 내에 전국 아니 전 세계의 한국인 대상으로 메시지를 전파할 수 있게 되었다. 이처럼 매체의 중요한 경쟁력은 콘텐츠 그 자체보다 콘텐츠를 유통하고 전파할 수 있는 영향력에서 찾아야 한다.

교육시장에 부는 공유와 참여의 바람

사용자들이 수동적으로 받아들이기만 하는 것이 아니라 적극적으로 생산, 유통 등에 참여하며 함께 공유하는 트렌드는 미디어, 제조, 통신, 서비스업 등의 다양한 산업에서 발견되고 있다. 특히 교육산업에서 이런 변화의 흐름을 보여준다. TV의 등장으로 방송을 기반으로 한 교육 시장이 형성되었다. 대표적인 것이 입시 관련 TV 방송(EBS)이다. 이후 인터넷의 등장과 함께 이러닝이 크게 성장했으며, 메가스터디와 휴넷 등의 초중고·성인 교육 사업체가 등장했다. 이러닝은 TV에서 보던 동영상 교육을 PC로 원하는 시간에 볼 수 있다는 것과 학습 내역과 평가를 체계적으로 관리할 수 있다는 새로운 가치를 제공해주었다. 하지만 향후의 스마트 러닝은 학생들 간의 상호 토론과 커뮤니티를 통해서 좀 더 능동적이고 적극적인 수업 참여를 만들어낼 것이다.

이미 스마트폰의 보급과 함께 이러닝은 PC를 넘어 스마트폰과 아이패드 등의 N스크린을 지원하고 있다. 하지만 단지 TV에서 PC 모니터로 스크린이 확장된 것만으로 이러닝을 정의할 수 없듯이, 스마트 러닝 역시 단지 스마트폰이나 아이패드 등의 새로운 스크린을 지원하는 것만으로 정의할 수 없다. 차세대 교육은 실제 교육 현장(오프라인)에서 태블릿 등의 디바이스를 이용해 수업과 관련한 정보를 좀 더 쉽게 제공받고 학생과 교사, 학생과 학생 간에 상호 작용할 수 있는 형태로 진화해갈 것이다. 즉, 이러닝은 대면·현장 교육을 대체했다면 스마트 러닝은 현장 교육과 연계함으로써 교육의 효과를 극대화하는 가치를 창출해갈 것이다. 마치 스마트폰이 현실 속에서 인터넷 서비스를 통합 사용하면서 PC와 다른 가치를 제공한 것과 같다.

이미 미국 정부는 2017년까지 디지털 교과서를 모든 학생에게 공급한다고 밝혔다. 국내에서도 교육학술정보원에서 디지털 교과서 사업을 추진 중에 있다. 일부 대학은 아이패드 등을 이용한 전자 교과서 보급을 확대하고 있다. 이렇게 교육 현장에서 보급되는 태블릿은 기존 책을 대체하는 것은 물론 현장 수업에서 인터넷을 적극 활용하게 함으로써 모든 학생들이 디지털 보조 교사를 가질 수 있게 할 것이다. 이렇게 되면 교사가 일방적으로 콘텐츠를 제공하는 방식에서 벗어나 학생들이 교사가 제시하는 콘텐츠를 마중물 삼아 인터넷 상의 콘텐츠와 연결하고, 학생들과 교사 간에 커뮤니티를 구성해 지속적으로 의견을 나누는 장이 제공된다. 물론 이렇게 생산된 콘텐츠와 학생들이 참여해 구성된 커뮤니티는 어떤 디바이스에서든 접근 가능해야 한다.

특히 스마트 러닝 플랫폼은 열린 플랫폼으로 외부의 인터넷 서비스와 연결될 수 있어야 한다. 사실 대부분의 교육 시스템은 폐쇄적이고 외부와 호환되지 않는 경우가 많았다. 하지만 아이튠즈 U는 미국 주요 대학의 강연을 전 세계 누구에게나 공개했으며, 수백만 원의 참가비를 내야 하는 TED는 전 세계 유명인들의 전문적인 강연을 역시 유투브와 TED 사이트를 통해서 공개하고 있다. 이렇게 공개된 콘텐츠는 그와 연관된 추가적인 콘텐츠가 생산되면서 더 큰 지식으로 거듭나고 있으며, 콘텐츠를 공개한 대학과 교수, 강연자 그리고 브랜드에 대한 신뢰도와 부가가치도 높아지고 있다. 이처럼 모든 산업에 좀 더 많은 사람이 참여하고 반응할 수 있는 열린 플랫폼을 만드는 것이 중요한 트렌드가 되고 있다.

● **함께 보는 책으로 거듭나는 전자책**

신문은 웹으로, 방송은 유투브와 스마트폰의 앱으로, 잡지는 태블릿 앱으로 완전히 디지털화되어 구현되었지만, 책은 아직 완전하게 디지털로 옮겨오지 못한 매체이다. 그러나 아마존의 킨들이 종이책을 디지털로 옮겨오는 데 성공했다. 실제 2012년 미국 출판협회 통계에 따르면 전자책 매출이 하드커버 매출을 넘어섰고, 아마존의 2011년 전자책 매출은 4조 원에 육박한다고 한다. 아직 국내에서는 전자책 보급이 활성화되고 있지 않지만, 아이패드와 태블릿의 보급이 늘어가면서 전자책 단말기로 활용되고 있다. 2012년 9월 구글은 한국 구글 플레이에 전자책 서비스를 제공하기 시작했고, 예스24, 교보문고 등의 온오프라인 서점도 아이패드 등의 태블릿용 전자책 앱을 서비스하고 있다. 그뿐만 아니라 리디북스 같은 전자책 전용 앱들도 등장하면서 전자책의 가능성을 더욱 높여주고 있다. 이 같은 전자책만이 줄 수 있는 가치는 책 본문에 북마크를 하고, 특정 문장에 표시를 하고 메모를 할 수 있다는 점이다. 물론 검색도 자유롭다. 또한, 내용 일부를 SNS 등을 통해 공유할 수 있어 많은 사람과 책의 내용에 대해 의견을 나눌 수 있다. 역시 전자책도 사용자들의 참여와 반응의 가치를 이끌어내면서 새로운 책 읽는 체험을 제공하고 있다.

2부
스마트폰 이후, 비즈니스 기회는 어디 있는가

ICT,
모든 산업을 삼키다

2013년 1월 24일 내비게이션 전문기업인 팅크웨어는 '아이나비 AIR for Kakao'라는 스마트폰 앱을 출시했다. 이 서비스는 스마트폰에서 팅크웨어의 아이나비 내비게이션과 카카오톡 친구 네트워크를 접목한 소셜 내비게이션 서비스이다. 카카오톡의 계정을 아이나비에 연동해서 카카오톡 친구들의 위치를 확인하고 각자의 위치에서 목적지까지 동시에 길 안내를 받을 수 있는 그룹주행 기능이 제공된다. 친구들과 저녁 약속 장소를 공유하고, 늦은 밤 귀갓길에 가족과 애인의 위치를 실시간으로 확인할 수 있다. 내비게이션 시장이 스마트폰에 의해 위축되면서 이 시장 1위인 팅크웨어는 고심 끝에 스마트폰에 내비게이션 서비스를 제공하면서 T맵, 다음 지도 등과 차별화된 경쟁 우위를 가져가기 위해 카카오톡과 서비스 제휴를 맺은 것이다. 이제

ICT를 기반으로 한 혁신은 기업의 생존을 위해 선택이 아닌 필수가 되었다.

자기잠식의 딜레마를 안겨준 디지털

세계적인 카메라 제조사인 코닥, MP3P의 대명사인 레인콤, 국내 PMP 1위 업체인 아이스테이션, 내비게이션 시장의 절대 강자 팅크웨어, 워크맨과 노트북의 명가 소니, 게임기 시장의 돌풍을 가져온 닌텐도, 소프트웨어 기업의 대명사 MS 등의 공통점은 무얼까?

이들은 새로운 ICT 기술과 함께 등장한 새로운 브랜드와 제품에 밀려 주춤하거나 도태 혹은 인수된 기업들이다. 1880년 설립된 코닥은 150여 개 국가에 8만 명의 직원을 두고 카메라 시장을 지배한 최고의 영상장비 전문 업체였다. 하지만 2012년 1월 19일 파산 보호 신청을 했다. 코닥은 최초로 디지털 카메라를 개발하고도 정작 디지털 카메라 시장에 집중하지 못하고 제품 개발을 지속화하지 못해 도태되고 말았다. 코닥의 캐시카우는 카메라 판매 이후 필름 판매였는데 디지털 카메라는 필름을 필요로 하지 않다 보니 코닥 내부에서는 디지털 카메라가 미운 오리새끼였을 것이다. 코닥은 필름 카메라 시장이 디지털 카메라 시장으로 급격히 변화하는 트렌드에 경쟁사들이 발 빠르게 대응하는 것을 간과했다. 결국 코닥은 딜레마에 빠지고 파산에 이를 수밖에 없었다.

MP3P, PMP, 내비게이션 등을 만들던 기업들 역시 마찬가지다. 이들은 스마트폰이 음악, 영상, 길 찾기 서비스를 통합 제공하면서 기기의 존재 가치가 사라지게 되었다. 스마트폰 등장 이전에 매년 성장하던 휴대용 멀티미디어 재생기 시장은 내리막길을 걷게 되었다. 심지어 휴대용 게임기 시장조차도 스마트폰으로 인하여 위협받고 있다. 대표적인 것이 닌텐도 DS로 2009년부터 매출 하락이 시작되었고 2010년 상반기에는 순익이 52%나 하락했다. 소니를 포함해 전통적인 컴퓨터 제조사들은 스마트폰과 그 이후 봇물처럼 쏟아져 나오는 아이패드와 태블릿으로 인해 연이어 고난을 겪고 있다. 그렇다 보니 컴퓨터 제조사들이 PC나 노트북 외에 스마트폰과 태블릿 개발에 나서고 있기도 하다.

이미 MS는 구글과 애플의 혁신으로 인하여 ICT 기업 절대 강자의 자리를 내준 지 오래다. 2010년 MS는 시가총액에 있어 애플에 자리를 내준 이후 2012년 10월 구글에마저 2위의 자리를 내주었다. MS는 1990년대 PC 시장의 성장과 함께 운영체제와 오피스 등을 통해 ICT 시장을 주도했었다. 하지만 모바일 시대가 오면서 애플과 구글에 ICT 리더십을 뺏기게 되었으며, 태블릿 시장이 본격 형성되면서 더욱더 어려움에 처하고 있다. 그렇다 보니 아이팟터치의 대항마로 준(Zune)이라는 휴대용 멀티미디어 기기를 직접 생산하고, 구글의 태블릿과 아마존의 킨들 파이어 등에 대항하기 위해 서피스(Surface)라는 태블릿을 직접 제조하면서 부랴부랴 혁신에 동참하고 있다. 심지어 스마트폰의 제조에도 직접 참여할 만큼 소프트웨어 기업의 허울을 벗고 있다.

스마트폰의 보급이 늘어가면서 국내 서적 출판업 또한 갈수록 얼굴에 그늘이 지고 있다. 한국콘텐츠진흥원은 2010년 국내 서적 출판업의 매출규모를 1조 4,000억 원으로 추산했다. 그리고 2011년에는 1조 2,900억 원으로 8%나 줄어들었다고 발표했다. 스마트폰을 사용하는 사람들이 지하철, 버스, 카페 등에서 책을 읽지 않고 스마트폰으로 드래곤플라이트, 다함께 차차차를 하고 있기 때문이다. 물론 잡지와 무가지 시장도 그만큼 타격을 받고 있다. 또한, 114 전화번호 안내 사업을 하는 KTCS는 스마트폰 보급과 함께 114 서비스를 사용하는 사용자수가 갈수록 줄어들면서 스마트114 앱을 출시해 새로운 비즈니스 모델을 모색하고 있을 정도다. 그만큼 스마트폰의 등장은 기존의 다양한 사업 영역에 커다란 여파를 주고 있다. 물론 모바일 게임이 성장하면서 상대적으로 PC방과 인터넷 게임 매출이 줄어들고 있으며 모바일 트래픽의 성장으로 인하여 PC 웹 트래픽도 줄고 있다. 마치 풍선효과처럼 한 쪽 사업이 확대되면서 기존의 다양한 산업에 커다란 영향을 주고 있는 것이다.

지금 우리가 근무하는 기업, 내가 종사하는 산업은 ICT 기술의 변화로 인하여 어떤 영향을 받을 것이며, 어떻게 극복하고 대응해야 할지 생각해야 한다. 그렇게 하기 위해서는 적어도 ICT 기술이 어떻게 변화해가는지 이해해야 한다. 스마트폰 이후, 즉 포스트 스마트폰 시대의 기술은 무엇이고, 이것이 우리 사회와 문화에 어떤 변화를 가져올 것인지 인지해야 한다.

● **스마트폰 지도앱이 가져온 내비게이션의 숙제**

구글은 2004년 천문학적인 돈을 투자하며 인공위성 기반의 지도 서비스 업체인 키홀(Keyhole)을 인수한 이래 지도 서비스를 위해 수천억 원을 투자해왔다. 그리고 스마트폰 사업을 위해 2005년 안드로이드를 인수하고 2007년 11월에 안드로이드 플랫폼을 오픈했다. 물론 구글의 안드로이드에는 구글 지도가 탑재되어 있다. 이후 2009년 안드로이드에 구글 내비게이션2.0을 오픈하면서 내비 서비스를 제공하기 시작했다. 내비게이션 사업을 해오던 탐탐(Tomtom), 가민(Garmin), 네비곤(Navigon)에는 청천벽력과 같은 사건이다. 기존 내비게이션 시장은 내비게이션 단말기를 판매하는 모델이었는데 구글이 안드로이드폰에 내비게이션 앱을 무료로 제공하면서 더 이상 내비게이션을 구매할 이유가 사라졌다.

초기에는 스마트폰 내비게이션 앱의 정확도가 떨어지고 조작성이 미흡하며 운전 중 사용하기에 화면이 작고 통화 중에 사용할 수 없는 등의 단점이 있었다. 하지만 스마트폰 성능이 좋아지면서 이러한 문제가 극복되었고 심지어 기존 내비게이션에서는 없었던 음성 검색 기능과 거리 사진 기능 등 정교한 지도 서비스를 제공하기 시작했다. 국내에서도 SKT의 T맵, KT의 올레내비, 그리고 스타트업의 김기사 앱 등이 스마트폰에서 제공되기 시작하며 내비게이션 업체들의 비즈니스 모델이 치명타를 받기 시작했다. 굳이 단말기를 구입하지 않아도 되고, 기존 내비게이션보다 조작이 편리하며, 최신의 지도 정보와 교통 데이터, 그리고 막히지 않는 길을 실시간으로 알려주는 보조 기능이 제공되면서 내비게이션 시장은 위협받을 수밖에 없다. 내비게이션과 무관할 것 같던 스마트폰에 내

내비게이션을 위협하는 스마트폰 T Map

비의 기능이 있는 앱이 소프트웨어적으로 제공되면서 와해성 혁신이 시작된 것이다. 우리가 각자 종사하고 있는 산업은 이러한 ICT 기술이 가져올 와해성 혁신에 안심해도 될지 생각해볼 필요가 있다.

스포츠 제조 회사에서 ICT 서비스 기업으로 탈바꿈한 나이키

ICT는 0차 산업이나 마찬가지일 정도로 모든 산업의 근간이 되고 있다. 이미 대기업 중 사내 인트라넷과 ICT를 담당하는 부서는 총무팀, HR팀, 마케팅팀, 기획팀처럼 기본적인 부서가 된지 오래다. 중소기업, 아니 작은 기업과 소상공인조차도 인터넷 홈페이지를 가지고 있다. 생산, 유통, 판매하는 제품과 서비스에 대해서 고객들에게 알리고 기업의 브랜드를 마케팅하고자 홈페이지나 블로그, 카페, 트위터, 페이스북 등의 인터넷 서비스를 운영하는 것은 기본적인 경영 활동의 하나가 되었다. 심지어 은행이나 증권사, 예매 서비스를 제공하는 극장, 그리고 쇼핑몰과 방송사는 인터넷이 없으면 사업을 운영하기 어려울 만큼 ICT는 보조가 아닌 필수가 된 지 오래다.

나이키는 2006년 7월에 애플과 손잡고 신개념 스포츠 서비스인 나이키플러스(Nike+)를 런칭했다. 2005년 세계 2위의 스포츠 용품 기업인 아디다스가 미국업체인 리복을 인수하며 1위인 나이키를 바짝 추격하기 시작한 것에 대한 시의적절한 대응이었다. 나이키플러스 아이팟 스포츠 키트를 신발에 장착하면, 이 키트에 내장된 센서가 운동 내역을(주행시간, 주행거리, 주행경로 등) 기록해 무선으로 아이팟에 전송한다. 이를 통해 다른 사람들의 기록과 코스를 공유하며 서로 자극하고 정보를 나눌 수 있다.

나이키가 제공하는 ICT 기반의 스포츠 서비스를 통합 이용하려면 나이키 플러스 홈페이지(www.nikeplus.co.kr)를 통하면 된다. 신발 깔창 밑에 부착하던 방식도 성능과 기능이 개선되어 손목에 부착하는 밴드형부터 LCD가 내장된 시계형에 이르기까지 다양해지고 있다. 그 외에도 MS 키넥트와 연동하면 TV를 보면서 개인 헬스 트레이너에게 운동을 코칭받고 자세 등을 교정받을 수도 있다. 나이키는 나이키플러스를 통해서 스포츠 의류 회사를 넘어 건강을 관리해주는 기업으로 비전을 바꾸었다. 아디다스의 운동화를 신고, 리복의 옷을 입더라도 그 신발과 운동복으로 운동을 하는 소비자들의 근원적인 목적인 건강관리는 나이키플러스가 책임지게 된 것이다.

이제 누가 나이키를 신발이나 의류만 만드는 곳이라 하겠는가. 나이키는 스포츠 서비스 회사로 화려하게 거듭났다. 나이키플러스는 말하자면 ICT 기술을 이용한 헬스케어 사업인데, 나이키가 새로운 기업 비전을 실현해갈 수 있게 했다. 2007년 아이폰이 발표될 때 스티브 잡스는 애플 컴퓨터라는 회사명에서 컴퓨터를 버리고 애플로 바꾸었다. 그것은 애플이 더 이상 컴퓨터 제조사가 아닌 스마트폰, 아이패드, TV 등의 다양한 디지털 기기를 출시하는 종합 가전기기 회사로 변화하겠다는 의지의 표명이었다. 나이키는 애플 컴퓨터가 새로운 모바일 시대에 발맞춰 변화한 것처럼 혁신을 해낸 것이다.

ICT를 기반으로 한 혁신은 이외에도 다양한 곳에서 발견할 수 있다. 국민앱으로 자리잡은 카카오톡, 애니팡 등도 ICT를 이용한 대표적인 혁신 서비스들이다. 연간 1조 5,000억 원으로 형성된 통신사의 SMS 비즈니스를 카카오톡이 와해시켰다. 또한, 오락실이나 가정용 게임기 시장을 애니팡과 같은 모바일 게임이 빠르게 대체해가고 있다. 비디오, DVD 유통시장을 잠식한 넷플릭스, 리크루팅 시장에 새로운 강자로 자리매김하고 있는 링크드인, 전자지급결제대행 사업인

나이키플러스의 다양한 제품들

PG에 위협이 되고 있는 페이팔, 스퀘어 등은 모두 새로운 ICT 기술 저변을 기반으로 과거 산업의 패러다임을 바꾸고 있다. 새로운 ICT 기술의 등장에 따라 기존에 사용하던 상품과 서비스들은 위축되고 대체되어가고 있다.

● **U-헬스 시대의 개막**

고령화와 함께 건강에 대한 관심은 날로 커져가고 있다. 그렇다 보니 우리 주변에 헬스클럽도 편의점처럼 쉽게 발견할 수 있게 되었고 요가, 필라테스 등의 다양한 건강 프로그램들을 제공하는 교육센터도 늘어가고 있다. 체지방을 측정하는 체중계와 혈압측정기, 만보계 중 하나쯤은 다들 가지고 있을 것이다. 그런데 휴대폰이 스마트폰으로 거듭나고, TV가 스마트TV로 거듭나듯이 이러한 건강기기들 역시 진화하고 있다.

대표적인 것이 만보계의 진화이다. 핏빗(Fitbit), 조본업(Jawbone up), 액티스마일(Acti Smile), 나이키플러스 퓨얼밴드(Fuel Band), LG 라이프그램(Life Gram), SKT 마인드키(mindkey) 등은 몸에 부착하는 디지털 만보계로 스마트폰이나 인터넷에 연결되어 운동 이력과 칼로리 소모 내역 등을 자세하게 기록해준다. 이렇게 기록된 데이터는 디지털로 축적되어 PC나 스마트폰으로 건강을 체계적으로 관리할 수 있도록 해준다.

센서의 발전과 사물과 사물 간을 연결하는 네트워크 기술이 진일보하면서 건강관리 기기의 진화가 가능해졌다. 스마트폰의 출시와 함께 고성능의 센서들이 폰에 장착되고 이것을 기반으로 혁신적인 서비스들이 탄생할 수 있게 되었다. 사실 위의 디지털 만보계의 기능은 스마트폰에 앱으로 구현이 가능하다. 엔도몬도(Endomondo), 런태스틱(runtastic), 눔(Noom) 등이 스마트폰에 설치되는 앱으로 각종 운동 이력을 트래킹해준다. 항상 인터넷에 연결되어 있는데다가 넓은 스크린을 이용해 자세한 정보를 확인하고 분석하기 적합하다. 다만, 스마트폰은 운동 중에 휴대하기 불편하고 몸에 부착할 수 없다는 점이 한계이다. 이러한 이유로 좀 더 작고 몸에 쉽게 부착할 수 있는 저렴한 제품들이 속속 등장하고 있다.

몸에 부착하는 장치 외에 혈당측정기, 혈압측정기, 체중계 등의 가정용 의료 측정 장치 역시 스마트폰이나 인터넷 연결을 지원하고 있다. 예를 들어, 아이폰 30핀 커넥터에 장착해서 혈당을 측정하고, 이를 분석하여 그래프로 표시해준다. 위딩 스마트 혈압 모니터(Withings Smart Blood Pressure Monitor)는 애플스토어에서 판매되는 혈압계로 아이폰과 연결해 혈압 측정 내역을 기록하고 그래프로 표시해준다. 카트라(Catra)는 아이폰 카메라 렌즈처럼 부착해 백내장을 측정해주는 제품이며, 핏빗 아리아 스마트 체중계는 WiFi가 내장된 디지털 체중계로 체중 내역을 낱낱이 기록하고 체계적으로 체중을 관리할 수 있도록 해준다.

점차 많은 건강관리 기기들이 인터넷에 연결되고, 스마트폰 등과 연결되고 있다. 센서와 사물통신 기술의 진화는 더욱더 많은 기기들을 네트워크에 접속하게 한다. 스마트폰이 우리에게 가져다준 체험이 좀 더 많은 기기들을 인터넷으로 연결하게 해주고 있으며, 특히 건강 관련 기기들은 U-헬스라는 이름으로 거대한 산업을 형성해가고 있다.

스마트폰 이후 태블릿, SNS 이후 LBS

한국 IDC의 발표에 따르면 2012년 태블릿은 약 1억 1,000만 대 가량 판매된 것으로 조사됐다. 2013년에는 데스크톱을 추월하고, 2014년에는 노트북을 추월하며 태블릿은 향후 5년간 매년 평균 30%씩 성장할 것으로 예상하고 있다. PC에서 스마트폰으로 주력 디바이스가 바뀌면서 우리의 라이프스타일이 바뀌고 산업의 패러다임이 바뀐 것처럼 새로운 단말기의 등장은 시장의 변화를 만들어내기 마련이다. 특히, 이러한 변화는 그 기기에서 주로 사용하는 서비스, 즉 킬러앱에 의해서 시작된다. 스마트폰의 성장과 함께 카페트(카카오톡, 페이스북, 트위터)라 불리는 서비스들이 크게 주목받았던 것처럼 태블릿의 성장은 새로운 서비스 기회를 만들어낼 것이다.

모바일 최대의 수혜주는 SNS, 다음은 LBS

스마트폰의 등장과 함께 가장 최대의 수혜주는 카카오톡, 페이스북, 트위터 등 소셜 네트워크 기반의 서비스들이다. 수천만 명을 넘어 수억 명의 사용자가 사용하는 SNS는 그간 확보한 트래픽을 수익화하는 노력을 하며 제2의 도약을 진행 중에 있다. 그렇다면 SNS보다 먼저 시작된 LBS(Location Based Service)는 상황이 어떨까?

사실 모바일의 킬러앱이자 비즈니스 모델로 SNS보다 LBS에 대한 시장의 관심이 더 뜨거웠다. 스마트폰이 기존 PC와 크게 다른 점 중 하나는 항상 휴대하며 사용할 수 있고, GPS가 내장되어 정확한 사용자의 위치를 확인할 수 있다는 점이다. 그렇다 보니 위치 기반의 서비스와 스마트폰이 어울릴 수밖에 없다. 게다가 스마트폰 시장을 열어준 아이폰에 기본으로 설치되어 있는 앱이 구글 지도였고, 구글과 다음 등의 거대 인터넷 사업자들은 지도 기반의 플랫폼 구축을 위해 투자를 아끼지 않았다. 통신사들 역시 T맵, 올레맵 등의 스마트폰 전용 내비게이션 앱을 출시하면서 LBS 시장의 미래는 장밋빛으로 가득한 듯했다.

하지만 옐프(Yelp), 포스퀘어(Foursquare) 등 위치를 기반으로 한 독특한 서비스들은 주목받았지만 비즈니스 성과가 보이지 않아 오랜 기간 계륵과 같은 존재가 되어왔다. 지도 기반의 플랫폼과 서비스는 상당한 비용을 투자해야 하고 유지하기 위한 운영비 또한 지속적으로 투입해야 한다. 반면 비즈니스 모델의 구현이 더디다 보니 평가 절하되어왔다. 실제 대표적인 LBS인 포스퀘어는 올해 200만 달러 수준의 매출에 액티브 사용자가 800만 명에 불과해 미래가 불투명하다.

하지만 미운 오리 새끼인 LBS가 언제까지나 그 상태일 리 없다. 점차 백조가 되어갈 것이다. 대표적인 로컬 서비스인 옐프는 2012년 1분기 매출만 2,740만 달러로 작년 동기 대비 66%나 증가했다. 미국 최대 레스토랑 예약 서비스인 오픈테이블(OpenTable)은 대표적인 위치 기반 서비스인 포스퀘어와 제휴해 수익모델을 만들고 있다. SKT의 T맵은 2012년 말 기준 1,470만 명 이상의 사용자가 사용 중이며 월 540만 명이 한 번 이상 실행할 만큼 사용량을 확보하고 있다. T맵의 성장으로 인하여 기존 내비게이션 시장이 냉각되고 있어 팅크웨어는 아이나비 에어라는 내비게이션 앱을 무료로 안드로이드폰 사용자 대상으로 서비스하고 있다. 그 외에 다음 지도, 네이버 지도, 서울버스, 하철이 등의 다양한 지도 기반의 서비스들의 사용량도 지속적으로 성장하고 있다. 사용자수가 늘어가면서 이들 서비스를 기반으로 한 광고 비즈니스 모델에 대한 시도가 강화될 것으로 예상된다.

다만, 아직 LBS의 주 광고주인 상점들이 모바일 페이지를 서비스하고 있지 않아 드라마틱한 성장을 보여주고 있지는 않지만, 스마트폰 보급대수가 인구의 50% 이상이 되면서 LBS 사용량도 일상화되고 있어 광고주들이 변화하고 있다. 실제 모바일 광고 전문 플랫폼인 다음의 아담, 카울리, 애드몹 등은 월 300억가량 이상의 PV를 확보하면서 이렇게 발생된 트래픽을 통해 다양한 광고주들을 만족시키는 광고를 운용하고 있다. 또한, 사용자들의 평점 덕분에 매출 증대 효과를 거두고 있는 지역 소상공인이 늘고 있다. 거대 프렌차이즈와의 홍보 싸움에서 기댈 수 있는 다윗의 무기가 생긴 셈이다.

2009년 말부터 한국에 보급되기 시작한 스마트폰은 SoLoMo(Social, Local, Mobile)라는 키워드를 만들면서 모바일 시대에 소셜과 로컬 서비스를 주목하게 만들었다. 소셜의 시대가 본격화되었음은 2012년 카페트(카카오톡, 페이스북, 트위터)가 증명했지만, 아직 로컬 서비스에서는 이 정도의 지배적인 킬러앱이 나타나지 않았다. 향후 포스퀘어, 오픈테이블, 옐프, 구글 지도, 다음 지도, T맵 등의 지도를 기반으로 한 서비스들이 점차 주목을 받을 것이다. 또한, 배달의 민족, 배달통 등의 니치마켓을 겨냥한 모바일앱들이 아파트 상가수첩이나 벼룩시장 등

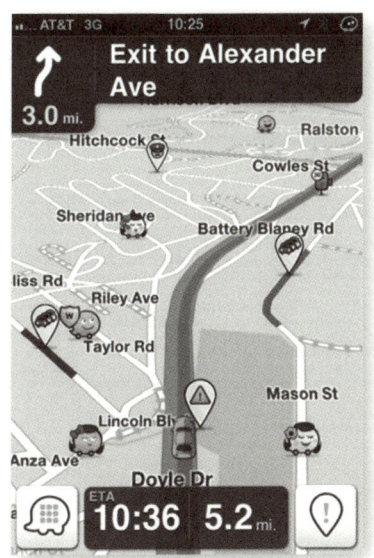 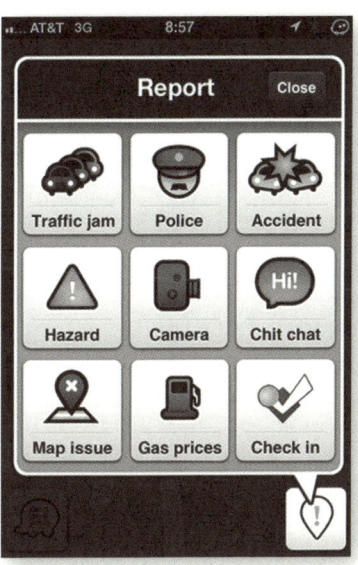

재미를 주는 내비게이션 앱, 웨이즈(Waze)

이 지배해온 지역 기반의 광고 모델을 대체해갈 것이다. 씨온, 플레이스탭, 포잉 등과 같은 지역과 연계된 서비스들이 버티컬 포털로 자리 잡아가면서 적게는 월 2~3억, 크게는 월 10억 이상의 규모로 성장할 것이다.

● **현실 공간을 함께 나누는 공유경제**

전 세계의 좀 더 많은 사람들이 인터넷에 연결되고, 더 오랜 시간 네트워크에 접속할 수 있게 되면서 규모의 경제 원리에 어긋나 형성되기 어렵던 다양한 비즈니스 모델들이 만들어지고 있다. 힐튼호텔 네트워크를 앞설 정도로 세계 최대 규모의 숙박 네트워크를 자랑하는 에어비앤비(Airbnb)는 개인의 방을 공유하는 서비스이다. 국내에도 유사한 서비스로 코자자와 비앤비히어로가 등장했으며, 자동차를 공유하는 집카(Zipcar, 국내에서는 쏘카, 그린카), 공간을 공유하는 코업(Co-Up), 옷을 공유하는 열린옷장 등으로 공유경제가 활성화되고 있다. 개인이 가지고 있는 잉여시간, 유휴설비, 유휴공간, 쓸모없어진 물건 등을 쉽게 공유하고 거래할 수 있게 되었다. 초기 웹이 등장할 때 가장 크게 형성되었던 전자상거래인 중고장터와 벼룩시장, 개인간 경매가 거래품목이 다양해지면서 더 큰 규모로 확대되었다. 대량생산, 대량소비 시대로 치달았던 현대 사회가 완전한 디지털화로 인하여 소량생산, 공유소비 시대로 접어들고 있는 셈이다.

Post PC 시대의 태블릿과 TV

1990년대 컴퓨터는 빠른 속도로 성능이 개선되었고, 사용자들은 이에 화답하듯 매년 업그레이드를 하며 더 빨라진 컴퓨터를 구입했다. 컴퓨터는 그 이후에도 꾸준히 성능이 개선되었지만, 더 이상 컴퓨터 속도가 컴퓨터를 구입하는 주요 기준이 되지 못했다. 2000년대부터 컴퓨터는 성능보다는 이동성이 중요한 구입 기준이 되었다. 한국 IDC의 발표에 따르면 2010년 1분기의 데스크탑 판매량은 70만 대, 노트북 판매량은 87만 대였다고 한다. 국내 연간 컴퓨터 판매대수인 500만 대 중에서 노트북이 데스크탑보다 더 많이 판매되기 시작하면서 그나마 컴퓨터 시장은 추락을 면할 수 있었다.

하지만 최근 노트북을 포함해 컴퓨터를 구매하는 사람을 보기란 쉽지 않다. 5년 전 구입한 컴퓨터가 느려서 새로 구매할 리 없고, 노트북을 구입할 바에는 태블릿(혹은 아이패드)을 구입하는 사용자가 늘어가고 있다. 실제 2012년까지 판매된 국내의 아이패드와 태블릿은 200만 대 정도로, 같은 기간 판매된 노트북 판매량의 30% 이상이다. 출시된 지 불과 2년도 안 돼 노트북 시장을 빠르게 잠식해가고 있는 것이다.

특히 주목해야 할 것은 태블릿이다. 아이패드의 경우 기존 컴퓨터를 대체하는 것이 제한적일 수밖에 없다. 아이패드의 성능에 문제가 있는 게 아니라 기능이 기존 컴퓨터와 호환되지 않기 때문이다. 기존 컴퓨터가 윈도우 중심의 운영체제로 운용되고 있는 데 반해 아이패드는 스마트폰처럼 새로운 운영체제에 새로운 사용자 체험과 앱을 제공하기 때문에 기존 컴퓨터 사용자들의 유입이 제한적일 수밖에 없다. 또한, 기업에서 구매하는 상당수의 컴퓨터는 각 기업의 특수성(보안, 업무내역 등)을 감안해 특별히 제작하거나 별도의 솔루션을 탑재해야만 하지만 아이패드는 그러한 유연성이 약하다. 그런 이유로 아이패드의 성장이 노트북 판매에 악영향을 준 것은 사실이지만 기존 컴퓨터의 완전한 대체재라고 말하기엔 부족하다.

하지만 태블릿은 다르다. 안드로이드 기반의 태블릿은 그 크기와 형태가 다르며 특수 목적에 따라 제작도 가능하다. 그렇다 보니 실제 일부 대학이나 병원, 기업 등의 특수 환경에 맞춘 태블릿의 B2B 공급도 서서히 늘고 있다. 심지어 태블릿의 성능은 해마다 빠르게 좋아지고 있다. 2012 국제전자제품박람회(CES)에서 발표된 nVida의 Tegra3는 쿼드코어 프로세서로 태블릿의 성능을 더욱 강력하게 만들어준다. 아직 PC와 대등하다고 말할 수는 없지만 PC에서 구동되던 게임마저도 태블릿에서 작동 가능할 정도이다. 또한, 태블릿은 다양한 인터페이스를 지원해 외부 장치와의 연결도 자유롭다. HDMI 케이블을 이용해 커다란 모니터나 TV와 연결하고, 블루투스를 이용해 키보드 등과 연결하는 게 가능하다. 불편한 태블릿의 입력장치와 출력장치가 외부 주변기기로 보완된다면 덩치만 크고 이동할 수 없는 데스크탑을 대체하는 것은 물론 노트북의 대체재로도 손색이 없을 것이다. 특히 PC에 키보드와 마우스가 있고, 스마트폰에 터치가 있는 것처럼, 새로운 태블릿에서는 스타일러스 펜이 보조 입력장치로 주목받으며 PC나 스마트폰과 다른 혁신을 만들어낼 것으로 전망되고 있다.

특히 윈도우8 기반의 태블릿은 기존 윈도우와의 호환성과 아이패드 같은 휴대성을 기반으로 기존 PC를 대체하며 빠르게 성장할 것으로 전망된다. 윈도우8이 탑재된 MS 서피스를 출시하면서, PC 시장을 보급시킨 MS가 스스로 태블릿을 컴퓨터 대체재로 만들어갈 것이다. 안드로이드 태블릿의 최대 단점은 맥OS가 설치된 맥북의 단점처럼 익숙하지 않다는 점이다. 기존 윈도우에 익숙한 사용자들의 입맛에 안드로이드 태블릿이 맞을 리 없다. 비록 윈도우에서 동작되던 오피스와 동영상 플레이어, 웹 등이 태블릿에서 된다고 하더라도 UX가 익숙하지 않으니 새롭게 배워야 하는 걸림돌이 있다. 하지만 윈도우8이 탑재된 태블릿은 이러한 사용자들의 불편마저도 없애줄 것이다. 게다가 윈도우8은 기존 컴퓨터와 태블릿, 그리고 스마트폰 전부를 지원하는 통합 OS이기 때문에 기존 윈도우 사용자라면 쉽게 일관된 사용자 경험으로 태블릿을 수용할 수 있게 될 것이다.

이러한 변화로 인하여 컴퓨터는 더 이상 우리 책상 아래에 존재하지 않을 것이다. 또한, 폴더폰처럼 키보드를 펼쳐서 사용하는 노트북 역시 전면이 모두 스크린으로 된 태블릿으로 대체될 것이다. 즉, 태블릿이 Post PC 시대를 개막할 것이며, 스마트폰 그리고 스마트TV와 함께 3개의 디바이스(4인치, 7~10인치, 40인치 스크린)가 디지털 시대를 주도할 것으로 전망된다. 이런 상황에서 PC 시장을 기반으로 한 산업도 커다란 변화를 맞이할 것이며 태블릿 시장에 대한 대응을 발 빠르게 해야만 신 성장 동력을 찾을 것이다. 스마트폰에만 집중할 것이 아니라 태블릿도 포함해, 스마트폰 : 태블릿 : PC = 5 : 3 : 2 정도의 비율로 장기적 안목의 투자 배치를 해야 할 것이다.

● 태블릿의 킬러앱, 콘텐츠 서비스

20인치 모니터를 이용해 주로 하던 컴퓨팅 작업과 4인치의 스마트폰을 이용하는 작업이 조금 다른 것처럼, 10인치 태블릿에서 주로 하는 작업은 아마도 다를 것이다. 그 디바이스에서 무엇을 주로 하는지 궁금하다면, 우선 그 디바이스를 누가, 어디서, 언제, 왜, 어떻게 사용하는지에 집중할 필요가 있다. 이 다섯 가지를 차분히 살펴보면 무엇을 주로 사용하게 될지 예측하기가 쉽다. 태블릿의 주된 사용층은 30대 남성 직장인들이다. 특히 회사에서 스마트워크를 위한 장비 지원으로 노트북 대신 태블릿을 주고 있다 보니 직장인들의 태블릿 사용이 늘어가고 있다. 물론 아이패드의 경우에는 구매력을 갖춘 20대 대학생들도 종종 구매하곤 한다. 이들이 주로 태블릿을 사용하는 장소는 집(거실 소파나 침대 위)과 커피숍, 회의실, 그리고 수업을 하는 강의실이다. 종종 야외의 벤치에서 사용하는 경우도 발견할 수 있다.

그렇다면 태블릿은 주로 언제 사용할까? 여러 리서치 자료나 기사를 보지 않아도 주변 사용자들의 패턴을 보면 대개 PC와 TV를 사용하는 시간대와 겹치는 것을 볼 수 있다. 즉, 저녁 식사 후 7~9시 시간대에 거실이나 침대에서 아이패드 사용량이 많은 편이다. 이들이 태블릿을 이용하는 이유는 PC나 노트북보다 경량화되었고 간단한 사용성(마우스가 아닌 터치)을 갖추고 있어 쉽고 빠르게 인터넷 접근이 가능하기 때문이다. 즉, 스마트폰보다 큰 화면으로 빠르게 정보를 찾거나 콘텐츠를 보기 위한 목적으로 사용한다. 주로 사용방법은 무릎 위나 책상 위에 올려두고 손가락으로 책장 넘기듯이 터치하는 식이다. 물론 앞으로 좀 더 많은 대중이 태블릿을 이용하고, 태블릿의 성능과 부가 기능이 진화되면서 이 같은 사용 패턴은 조금씩 달라질 것이다.

이들은 주로 그 태블릿에서 무엇을 사용하게 될까? 역시나 PC나 스마트폰에서처럼 가벼운 이메일 확인과 포털의 정보 검색, 그리고 페이스북이나 트위터 이용을 하겠지만, 주로 콘텐츠를 보는 용도로 쓰일 것이다. 특히 전자책, 디지털잡지, 웹툰, 유투브, 훌루, 넷플릭스 등이 대표적인 태블릿의 킬러앱들이다. 트위터, 페이스북, 인스타그램, 구글 리더 등의

태블릿과 어울리는 전자책 서비스

웹에서 제공되는 데이터를 태블릿의 UX 특성에 맞게 보여주는 플립보드도 대표적인 킬러앱이다. 그렇다 보니 유투브 창업자들이 디지털 콘텐츠 큐레이션 서비스인 진(Zeen)을 만들었을 것이다. 태블릿에서의 킬러앱은 텍스트와 이미지, 동영상으로 구성된 멀티미디어 콘텐츠를 태블릿의 특성에 맞게 보여주는 콘텐츠 뷰어이다. 더 나아가 SNS나 웹에서 제공되던 수많은 데이터들을 태블릿의 UI에 맞게 재구성해서 보여주는 것도 주요 킬러앱이 될 것이다.

즉, 다양한 포맷의 멀티미디어 콘텐츠를 태블릿의 터치 UI 특성과 가로-세로 모드, 무릎 위에 올려두고 사용하는 사용성 등을 고려해서 효과적으로 보여주는 UX를 제공하는 뷰어가 핵심 킬러앱이 되는 것이다. 물론 그런 킬러앱에 최적화된 콘텐츠를 생산할 수 있는 오쏘링 툴(Authoring Tool) 또한 중요한 역할을 수행할 것이다. 그런 면에서 진, 플립보드, 구글 커런트, 프리퀀시, 킨들, 리디북스, 펄스 등이 태블릿에서의 핵심 킬러앱으로 자리 잡아갈 것으로 기대된다.

디지털 경제를 완성시킬 IoT

　MS와 인텔 그리고 IBM에 의해 1990년대 PC가 인터넷에 연결되고, 애플로 인해 2007년부터 휴대폰과 태블릿이 인터넷에 연결되는 세상이 도래했다. 이후 인터넷에 연결되는 새로운 디바이스로 TV, 안경, 시계 등의 다양한 시도가 이루어지고 있다. 인텔은 "The Internet Of Things: Every Device That Connects Us"를 통해서 2020년에는 40억 명의 인구가 310억 개의 디바이스를 통해서 인터넷에 연결될 것이라고 예상했다. 이처럼 우리 주변의 사물들이 속속 인터넷에 연결되면서 펼쳐지는 새로운 디지털 세상은 새로운 가치와 비즈니스의 혁신을 만들어낼 것이다.

IoT의 3대 핵심 기술

사물통신의 가장 중요한 기술은 다음의 3가지로 압축된다. 사물 주변의 환경에서 정보를 얻을 수 있는 센서 기술과 이렇게 확보된 데이터를 연결된 네트워크를 통해 스마트폰이나 서버로 보내는 통신 기술, 그리고 이러한 정보를 바탕으로 특정 기능을 수행해 사용자에게 전달하는 서비스이다.

1. 센싱

스마트폰에는 주변의 밝기를 인지하는 조도센서, 소리를 입력받는 마이크, 위치를 측정할 때 사용하는 A-GPS, 그리고 자이로스코프, 중력가속센서 등이 탑재되어 있다. 이들 센서는 주위환경을 인지하여 정보화하는 기능을 담당한다. IoT 제품들은 PC나 스마트폰처럼 키보드, 마우스, 터치를 이용해 사용자가 어떤 정보를 입력해서 동작하는 것이 아니라 센서를 통해 입력된 정보를 기반으로 운용된다. 그렇기 때문에 제품의 용도에 맞는 센서가 탑재되어 주위환경에서 자동으로 정보를 얻는다. 이 때 좀 더 정확한 정보를 입력받아야 정교한 동작이 가능하기 때문에 센서의 정밀도가 중요하다.

2. 통신 인프라

센서를 통해 입력된 정보는 디지털라이징되어 네트워크를 통해 전송된다. 이때 필요한 것이 네트워크에 연결되는 통신 인프라이다. 직접 인터넷에 연결되기 위해서는 WiFi, 3G, 4G LTE 등의 통신 모듈이 탑재되고, 스마트폰 등의 컴퓨팅 기기에 연결될 때에는 블루투스, RFID, 지그비(ZigBee), WiFi Direct 등의 근거리 네트워크가 이용된다. 각 기기의 특성과 전송하는 데이터의 속성에 따라 통신 인프라가 달라지며, 전송속도와 절전이 중요하기 때문에 사물통신을 위한 무선 통신 인프라가 중요해진다.

3. 서비스 인터페이스

PC, 스마트폰, 태블릿, TV가 인터넷에 연결되어 새로운 가치를 창출해내는 것처럼 사물통신 역시 새로운 가치를 창출해내는 것이 중요하다. 새로운 가치를 창출해내는 것은 서비스가 해야 할 역할이다. 또한 이 서비스를 사람이 편리하게 이용할 수 있도록 하려면 서비스 인터페이스가 직관적이어야 한다. 이러한 서비스 인터페이스가 제대로 구현되기 위해서는 사물통신에 맞는 플랫폼이 요구된다.

● **인터넷이나 스마트폰에 연결되는 IoT**

사물통신 기기들은 크게 인터넷에 직접 연결되는 방식과 인터넷에 연결된 다른 장치를 경유해서 인터넷 기능을 제공받는 방식으로 구분된다. 또한, 별도로 외부 소프트웨어나 스마트폰 등을 이용하지 않고도 독립적으로 동작되는 제품과 반드시 스마트폰이나 PC 등을 연결해야만 사용할 수 있는 제품으로 나눌 수도 있다. Stand alone 제품은 기기의 동작 상태나 정보를 보여주는 디스플레이나 스피커, LED 등이 내장되어 있어 독자적으로 조작할 수 있다. 스마트폰 보급이 늘어감에 따라 스마트폰과 연계하여 동작되는 사물통신 기기도 많아지고 있다.

먼저 direct 연결 방식을 살펴보자. WiFi 모듈이 내장된 사물통신 기기들은 인터넷에 직접 연결되어 동작된다. 위딩스의 디지털 체중계는 체지방과 체중을 측정해 무선 인터넷을 기반으로 위딩스의 서버에 저장한다. 이렇게 기록된 데이터는 PC 웹이나 스마트폰을 통해서 확인이 가능하다. Nest, Aria Wi-fi Smart Scale 등은 WiFi에 직접 연결해서 동작되는 IoT 제품들이다. WiFi 외에 3G나 4G 모뎀이 내장된 경우도 있지만 이러한 경우 제품 가격이 비싸지고 통신비를 달마다 지불해야 하는 부담이 있다. 구글의 안경이나 아마존의 킨들 등이 무선통신 모뎀이 내장된 대표적인 IoT 제품들이다. WiFi와 달리 이동하면서 사용할 수 있다는 장점을 가진다. 또한, 스마트폰처럼 통화 등의 기능까지도 제공 가능하다.

반면, 자체 무선 통신 기능을 탑재하지 않고 스마트폰과 연결해 동작하게 되면 제품의 경량화와 효율적인 절전, 가격인하 등이 가능해진다. 스마트폰과 연결할 때는 블루투스가 대표적으로 가장 많이 이용되고 있으며, NFC, RFID 등의 무선이나 USB, 또는 3.5파이 이어폰 단자를 이용하기도 한다. 상당수의 IoT 제품들이 스마트폰, 태블릿과 연결해서 동작되고 있으며, 대표적인 것이 몸에 부착하는 제품들이다. 손목에 부착하는 시계(폴엑스, 소니의 스마트와치 등), 조본업, 그리고 허리춤이나 셔츠에 장착하는 핏빗 등은 스마트폰과 연결해서 동작된다. The Stick N Find는 작은 스티커 크기의 IoT 제품으로 스마트폰과 블루투스로 통신한다. 스마트폰에 설치한 앱을 통해서 이 스티커의 위치를 확인할 수 있다. 잃어버리기 쉬운 물건에 이 스티커를 부착함으로써 물건의 위치를 찾을 수 있도록 해준다.

새로운 서비스 부가가치를 창출하는 IoT BM

위딩스라는 회사의 Body Scale, Blood Pressure monitor, Baby Monitor 등은 신체의 여러 정보를 측정하여 디지털라이징하고 이렇게 축적된 정보를 기반으로 건강·의료 관련 서비스를 제공한다. 디지털 체중계에는 WiFi가 내장되어 있어 가족 구성원 8인의 체중과 체지방 등을 기록하며, 이러한 데이터를 헬스트레이너나 의사들이 활용할 수 있도록 그래프화하여 정리해준다. 기존에는 단지 체중을 정확하게 재고 견고하며 디자인이 예쁜 체중계를 값싸게 만들어 파는 것이 체중계 제조사의 경쟁력이었다. 하지만 디지털 체중계의 경쟁력은 체중계에 표시된 정보를 스마트폰 앱이나 웹에서 좀 더 편하게 확인하고 그 내역을 쉽게 관리할 수 있도록 해주는 사용자 경험과 서비스 설계 능력이다. 더 나아가 기존 체중계는 사용자가 제조사의 브랜드를 전혀 모르고 관심조차 없다. 최초 판매될 때에만 인지하고 그것도 판매처(백화점 등)만 인지할 뿐, 제조사는 알지도 못한다. 반면 디지털 체중계는 판매 이후에도 계속 사용자가 제조사가 제공하는 서비스를 지속적으로 사용하기 때문에 고객이 제조사의 브랜드를 인지하게 된다. 고객과 제조사가 계속 커뮤니케이션하는 것이다.

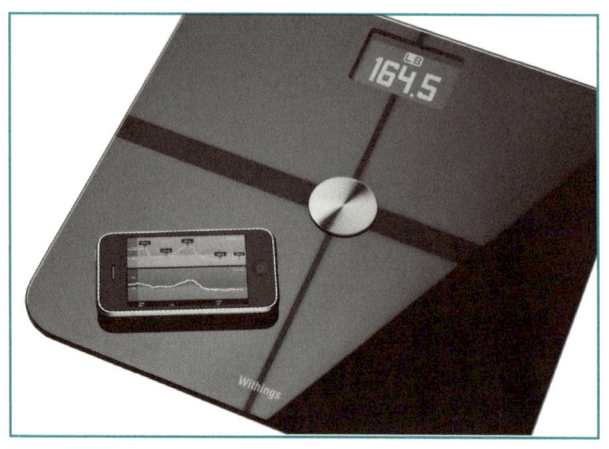

인터넷에 연결되는 디지털 체중계

　제조사들이 변하고 있다. 제조사들이 만들어온 사물들이 IP(인터넷 프로토콜 기반) 기반으로 클라우드에 연결되어 다양한 데이터를 축적하면서 이를 기반으로 지속적인 서비스를 제공하고, 신규 비즈니스 모델을 발굴해가고 있다. 바야흐로 ToIP(Things over IP)의 시대가 열리고 있으며, 제조사들은 시장의 이러한 변화에 적극적으로 대응해야 한다. 즉, 인터넷과 연동되어 고객과의 지속적인 접점을 만들어 서비스를 제공할 수 있어야 한다. 그것이 제조2.0이다.
　킥스타터에 등록된 써모도(Thermodo)라는 스마트 온도계는 스마트폰 혹은 노트북 등의 5극 오디오 단자에 꽂아서 사용하는 온도계이다. 이 기기에는 온도를 측정하는 센서가 내장되어 있어 스마트폰 등에 꽂고 앱을 실행하면 해당 온도계를 통해 측정된 정확한 온도가 앱에 표시된다. 이 온도계를 개발한 회사는 이 온도계를 통해 측정된 온도

데이터를 가져다가 사용할 수 있도록 SDK, API를 오픈했다. 이 스마트 온도계를 다른 서비스나 앱에서도 이용할 수 있도록 한 것이다. 다양한 앱에서 이 온도계의 데이터를 가져다 사용할 수 있기 때문에 이를 이용해 다양한 앱과 서비스들이 나올 수 있다. 주요 곳곳의 온도를 실시간, 날짜별로 보여주는 서비스가 나올 수 있고 측정된 온도를 기반으로 해서 좀 더 정확한 서비스를 제공하는 데 활용할 수 있다. 예를 들어, 농사를 짓는 농부가 대상이라면 농사 관련 앱에서 비닐하우스 내의 정확한 온도를 측정해서 이것을 기반으로 정확한 정보를 제공하는 맞춤형 서비스를 지원할 수도 있을 것이다.

기술의 하향평준화와 대만과 중국의 저렴한 인건비를 기반으로 생산의 장벽이 낮아지면서 이제 서비스 회사들이 제조에 나설 수 있게 되었다. 특히, 제조 공장을 중계해주는 Maker's Row(makersrow.com), 자금을 투자할 투자자를 모집해주는 킥스타터, 텀블벅(tumblbug.com), 그리고 아이디어를 중재해주는 아이브디어(ivdea.com)와 아이디어 마켓(www.hs-ideamarket.co.kr)과 같은 서비스 덕분에 제조의 진입장벽이 사라지고 있다. 이들의 무기는 제품에 잘 정합된 서비스이다. 사용자들의 제품 선택 기준은 갈수록 껍데기보다 그 안에 들어간 서비스의 편리함과 중독성이 될 것이다. 제조사들이 이런 서비스 업체들의 도전에 적극 대응하기 위해서는 서비스에 대한 안목을 높이고 인터넷 연결을 통한 새로운 가치 창출을 이해해야 한다. 더 나아가 스마트 온도계처럼 아예 SDK, API 등을 외부에 오픈함으로써 외부의 서비스 사업자들이 서비스를 만들 수 있는 환경을 독려해 부족한 서비스를 채울 수도 있다. 이때 중요한 것은 해당 제품에서 어떤 데이터가 생산되고, 어떤 것을 얼마큼 외부에 오픈할 것인지 정하는 정책이다.

제조2.0 시대의 중요한 관건은 사물을 인터넷에 연결해 어떤 데이터를 어디에(클라우드) 어떻게 기록하고, 이를 기반으로 어떠한 형태의 서비스를 제공하느냐에 대한 답을 찾는 것이다. 더 나아가 이러한 서비스를 기반으로 어떤 비즈니스 모델을 창출해내느냐도 중요하다. 서비스를 통해 지속적으로 고객과 접점을 만들어내려면 그에 맞는 투자가 필요하며, 그 투자를 상회하는 수익을 창출하기 위해서는 새로운 수익 모델을 만들어낼 수 있어야 한다.

이 같은 IoT 시대의 제품들이 만들어내는 비즈니스 모델은 어떤 것일까? 기존의 제품들은 주로 제품을 판매할 때 유통업체에 공급하는 공급가에서 제조 원가를 뺀 것을 수익화한다. 하지만 인터넷에 연결되는 디바이스는 그렇게 최초 판매될 때에만 발생하는 마진만을 수익 모델로 하지 않는다. 애플의 아이폰은 제품 판매 마진 외에 아이폰에 탑재된 아이튠즈, 앱스토어, 아이북스 등을 통한 콘텐츠 유통 수수료와 팟캐스트, 패스북 등을 기반으로 한 광고 수익을 부가가치로 만든다. 이처럼 제조2.0 시대의 디바이스들은 그 기기를 판매할 때보다 사용자들이 사용할 때 부가가치를 창출하는 비즈니스 모델을 핵심으로 할 것이다. 아마존의 제프 베조스(Jeff Bezos) CEO는 2012년 9월 킨들 기자 회견에서 이렇게 말했다. "We want to make money when people use our devices, not when they buy our devices." 즉, 킨들을 팔아서 돈을 버는 것보다 킨들을 사용함으로써 부가가치를 창출하는 비즈니스를 추구한다는 것이다.

　IoT의 비즈니스는 디바이스를 통해 사용할 수 있는 서비스를 유료화하거나 해당 서비스를 기반으로 광고 수익을 얻는 것이다. 혹은 해당 디바이스를 통해서 쌓여가는 수많은 데이터들 속에서 다른 비즈니스의 기회를 만들어낼 수도 있다. 디바이스 그 자체가 아닌 디바이스를 사용함으로써 발생되는 다양한 부가 서비스와 데이터가 직간접적으로 새로운 비즈니스를 잉태하는 것이 IoT 시대의 비즈니스 모델이다. 또한, 하드웨어의 특정 API, SDK를 유료로 서비스 사업자들에게 제공하는 비즈니스 모델이 대두될 수도 있다. 경우에 따라서는 하드웨어의 판매대수를 늘리고 플랫폼 확산을 위해 API를 무료로 개방하는 것도 좋지만, 중요한 핵심 API는 부분 유료화해 IoT 제품을 기반으로 서비스를 구축하려는 사업자들에게 제공하는 비즈니스 모델이 있을 수 있다.

● IoT의 촉매제, 킥스타터

한국보다 PC와 웹이 3~5년 먼저 시작된 미국에서 아이폰이 출시된 것은 2007년이다. 한국은 2009년 말에 아이폰이 상륙했다. 인스턴트 메신저, 블로그, 유투브, SNS 등의 다양한 신규 혁신 서비스들은 한국보다 3년 먼저 미국에서 시작되었다. 미국 시장의 트렌드를 보면 한국의 디지털 트렌드를 예상해볼 수 있다. 미국의 스타트업들은 웹 서비스, 모바일 서비스를 넘어 디바이스를 만드는 제조 사업에 뛰어들고 있다. 나이키플러스와 유사한 기능을 제공하는 핏빗, 조본업, 그리고 스마트폰과 결합한 로봇 완구인 로모(Romo)와 스마트폰을 이용해 무선 조정을 할 수 있는 스페로(Sphero), 에어드론 등은 IoT 시대를 겨냥한 새로운 비즈니스를 추구하는 스타트업들의 작품들이다. 그 외에도 크라우드 펀딩 서비스를 제공하는 킥스타터에는 페블, 심플TV(Simple.tv), 랜딩존(LandingZone), 오우야(Ouya) 등의 다양한 디지털 기기를 제조하는 스타트업들의 제품이 주목을 받고 있다. 자본과 마케팅력을 갖춘 규모 있는 기업만 제조를 할 수 있는 것은 아니다. 아이디어만 있으면 인터넷과 모바일을 통해 홈페이지와 앱을 만들 수 있었던 것처럼 제조 역시 진입 장벽이 낮아졌다. 특히 소셜 펀딩, 크라우드 펀딩 덕분에 훌륭한 아이디어와 꼭 필요한 제품을 알아봐주는 수많은 개인이 투자를 할 수 있는 장이 마련되었다. 마치 웹에서 검색이, 모바일에서 앱스토어가 수많은 인터넷 홈페이지와 앱이 나올 수 있게 해준 것처럼, IoT 시대에는 크라우드 펀딩이 다양한 아이디어를 실행에 옮길 수 있도록 해주고 있다.

사물통신의 CSF는 자원의 공유

좀 더 많은 사물들이 인터넷에 연결되는 세상에서 필요한 것은 사물 간 통신이다. PC는 초고속 유선 인터넷으로 연결되고, 노트북은 WiFi, 스마트폰은 3G나 4G LTE로 인터넷에 연결된다. 태블릿은 WiFi나 4G, 스마트TV는 PC처럼 초고속 인터넷으로 연결된다. 그렇다면 앞으로 인터넷에 연결될 디바이스들은 어떤 통신 규격으로 인터넷에 연결될까? 모든 기기들에 스마트폰에 탑재되는 LTE 등이 장착되면 좋겠지만, 그럴 경우 비용 투자가 많다. 우선 LTE 모뎀을 탑재하는 데 제조비용이 들고, 이 모뎀을 동작시키는 프로세서와 배터리로 인해 제조 단가가 상승한다. 특히, 사용자 입장에서는 통신비를 달마다 지불해야 하는 것이 큰 부담일 것이다. 그런 면에서 WiFi가 사물통신의 대표적인 통신 규격이 될 것이다. 특히 좀 더 빠른 슈퍼 WiFi가 보급되면서 좀 더 많은 사물들이 쉽게 인터넷에 연결될 것이다. 슈퍼 WiFi는 화이트 스페이스(white spaces)라고 불리는 TV 주파수 중 빈 공중파 채널을 이용하는 것으로, 기존 WiFi보다 속도는 느리지만 도달거리가 넓고 저주파 대역을 사용해 건물 벽도 잘 통과하기 때문에 3G/4G의 기존 통신망을 부분 대체할 수 있다.

하지만 슈퍼 WiFi 역시 기지국을 기반으로 한 네트워크에 직접 연결되기 때문에 설비 투자비용이나 이용 요금에 대한 부담이 없을 수 없다. 반면, 기기 간 직접 연결을 기반으로 한 근거리 무선 통신 네트워크가 대안일 수 있다. 즉, 블루투스나 지그비 혹은 RFID와 같은 방식을 이용하면 제조단가나 통신비의 부담에서 해방될 것이다. 물론 5극 오디오 단자나 USB 등의 유선을 이용해 직접 연결하는 것도 방법일 수 있다. 이런 이유로 사물통신 관련 디바이스들은 WiFi와 함께 블루투스를 가장 많이 통신 규격으로 지원하고 있다. 블루투스로 스마트폰에 연결해서 스마트폰에 설치된 앱을 통해서 해당 기기를 조작하고, 축적된 데이터를 송수신해서 관리할 수 있도록 하고 있다. 궁극적으로는 각 사물들이 직접 인터넷에 연결되는 것을 지향하겠지만, 비용 등의 이슈로 인해 3~5년간은 과도기적으로 스마트폰 등을 경유한 인터넷 연결이 일반적일 것이다.

　우리가 앞으로 주목해야 할 것은 좀 더 많은 사물들이 인터넷에 연결되면서 각 사물들에 축적되는 데이터들이 인터넷을 경유해 클라우드에 축적된다는 점이다. 사물이 인터넷에 연결되어 기존에 제공하지 않은 새로운 부가 가치를 제공하려면 사물에서 쌓이는 데이터가 클라우드에 축적됨으로써 사용자에게 새로운 서비스 체험을 제공할 수 있어야 한다. 그것이 앞서 말했듯이 나이키플러스나 디지털 인터넷 체중계 등이 하는 것처럼 운동, 체중 이력을 체계적으로 관리하고 이를 효과적으로 보여주는 것일 수 있다. 혹은 이러한 정보들이 통계화되어 새로운 가치를 제공할 수도 있다.

　또한, 사물이 서로 간에 연결됨으로써 서로 가진 자원을 공유하는 것 또한 중요한 점이다. 골프공처럼 생긴 완구, 스페로는 블루투스를 기반으로 스마트폰과 연결된다. 스마트폰에 설치된 앱은 스페로를 쉽게 조작할 수 있도록 해준다. 스페로를 자유롭게 움직일 수 있고 그 안에 들어간 LED를 조정해서 색깔을 바꿀 수 있다. 스페로는 별도의 입력장치나 디스플레이 장치가 없다. 또한, 어떤 정보를 처리할 수 있는 고성능의 CPU가 있을 리 만무하다. 이러한 입출력 장치와 처리장치는 스마트폰의 앱이 처리하고 스페로는 오로지 움직이고 색깔을 바꾸는 기계장치로만 동작된다. 게다가 스페로는 아이폰처럼 스페로를 조작할 수 있는 각종 API를 오픈함으로써 스페로 회사가 아닌 다른 곳에서도 스페로와 관련된 앱을 만들 수 있도록 했다. 그래서 스페로를 구매하면 다양한 앱을 설치하면서 서로 다른 용도로 스페로를 이용할

하드웨어 에코시스템을 구축한 스페로

수 있다. 점차 많은 외부 업체들이 스페로의 생태계에 참여하면서 스페로를 기반으로 한 게임과 서비스 앱을 만들어 낼 것이다.

사물통신의 시대에는 PC, 스마트폰, 태블릿이 그랬던 것처럼 사물의 SDK, API가 오픈되어 다양한 용도로 확장되어 사용할 수 있게 될 것이다. 모바일 시대를 맞이하면서 SNS(Social Network Service) 시대가 개막된 것처럼 사물통신의 시대에는 사물 간 연동이 활발해지면서 MNS(Machine Network Service) 시대가 열릴 것이다. SNS 시대에는 친구 관계에 대한 정보를 담는 Social Graph와 계정에 쉽게 접근할 수 있게 해주는 인증 표준인 OAuth가 중요한 것처럼, MNS 시대에는 사용자가 사용하는 디바이스들에 대한 정보와 각 디바이스에 연결할 때 사용하는 계정과 인증이 중요한 자원이 될 것이다.

● **스마트하게 변신할 거울**

스마트폰, 태블릿, 스마트TV 다음으로 인터넷에 많이 연결되는 메인 기기는 무엇이 될까? 세탁기나 냉장고처럼 항상 24시간 켜두는 백색가전일까? 아니면 구글이 준비하는 안경이나 애플이 준비하는 시계가 될까? 안경이나 시계는 스마트폰 등으로 대체 가능한 것들이라 일반적으로 널리 보급되기보다는 특수한 용도에 국한해서 사용될 것이다. 반면 거울은 하루 동안 세면대, 화장대, 화장실에서, 때때로 쇼핑을 하며 매장에서, 그리고 수시로 손거울로 들여다보는 것이라 3개의 스크린(4인치 폰, 7~10인치 태블릿, 40인치의 TV) 이후에 널리 보급될 것으로 예상된다. 스마트거울은 WiFi를 이용해 인터넷에 연결되어 날씨, 주요 뉴스, 스케줄 등의 정보를 보여주고, 헬스케어 관련 서비스를 제공할 것이다. 더 나아가 거울에 장착된 카메라 등을 이용해 옷, 헤어스타일, 화장 등을 날마다 체크해서 기록하고 관련 정보를 제공하는 등의 서비스로 발전되어갈 것이다.

IoT를 무시하면 안 되는 이유

애플과 구글의 개발자 일부가 퇴사해 2011년 말 네스트(Nest)라는 제품을 만들었다. 이 제품은 집안의 온도를 조절해주는 장치로 사람의 움직임을 감지하는 센서가 장착되어 있다. 이 센서 덕분에 집안에 있는 사람들의 일상 패턴이 모니터링된다. 주중에 몇 시에 일어나서 몇 시에 나가고, 집안에 있을 때 아침, 점심, 저녁 어떻게 집안의 온도를 맞춰 놓는지를 기록한다. 또한, WiFi를 이용해 스마트폰 등으로 네스트를 원격에서 조정하고 집안 온도를 확인할 수 있다. 이렇게 관리하고 분석한 집안 온도 데이터가 쌓이면 점차 사용자가 굳이 온도를 맞추지 않아도 자동으로 알아서 조절해준다. 궁극적으로는 네스트 없이도 사람이 신경 쓰지 않게 자동으로 집안 온도를 유지하는 것이 네스트의 최종 목적인 것이다. 온도 조절 장치가 인터넷에 연결됨으로써 사용자가 얻을 수 있는 진정한 부가가치는 집에 들어올 때마다 온도를 높이고, 나갈 때마다 온도를 낮추는 등의 번거로움에서 해방되는 것이다.

자동 온도 조절 장치, 네스트

킥스타터에 등록된 락키트론(Lockitron)이라는 제품은 인터넷 자물쇠이다. 도어락에 WiFi가 내장되어 있어 스마트폰 앱을 이용해서 원격으로 집 문을 열 수 있다. 또한, 문이 열려 있는지 닫혀 있는지 확인이 가능하다. 문 앞에서 누군가가 노크를 하면 멀리 떨어져 있어도 스마트폰을 통해서 확인할 수 있다. 가족이나 지인이 도어락을 통해서 메시지를 보내면 바로 누구인지 확인하고 문을 열어줄 수도 있다. 락키트론은 문과 사람이 소통할 수 있도록 해주고 문 하나를 두고 사람과 사람이 커뮤니케이션할 수 있도록 해준다. 게다가 문이 열린 횟수와 통과한 사람 그리고 노크를 한 내역들이 모두 디지털로 기록되기 때문에 마치 CCTV처럼 보안장치의 역할도 해준다.

아이폰이 처음 나올 당시에 많은 전문가들은 "휴대폰이 그냥 전화만 잘되면 되지, 컴퓨터를 닮을 필요가 있나? 컴퓨터보다 작은 스크린, 불편한 입력장치, 덜 떨어진 성능으로 컴퓨터를 대신한다는 것이 말이 돼?"라며 평가절하했다. 하지만 스마트폰은 컴퓨터를 대신한 것이 아니라 컴퓨터가 하지 못하던 새로운 체험과 가치를 만들어냈다. 컴퓨터보다 훨씬 쉽게 위치 정보를 알려주고, 길 찾기를 할 수 있으며, 빠르고 간편하게 즉시 필요로 하는 정보를 볼 수 있도록 해주었다. 유비쿼터스 시대에 사물이 인터넷에 연결된다는 것은 단순히 무시해 넘길 일이 아니다. 그저 기존에 사용하던 온도 조절기나 디지털 자물쇠보다 조금 편리해지는 것은 새로운 가치를 창출하는 것이 아니다. 기존 제품에서는 제공하지 못했던 새로운 감동과 경험을 제공할 수 있어야 한다. 그 가치를 만들어내는 것이 유비쿼터스 시대에 사물이 굳이 인터넷에 연결되어야만 하는 이유이다.

현실계에 존재하는 디지털, 홀로그램

모든 사물이 인터넷에 연결된 이후엔 어떤 시대가 펼쳐질까? 현실계에 존재하는 사물들이 인터넷에 연결되면 현실과 가상의 구분이 점차 희석된다. 현실에서 언제든 가상을 만날 수 있게 되는 것을 넘어 현실의 모든 정보들이 가상으로 옮겨지고 현실과 가상이 하나로 합쳐지는 세상이 펼쳐진다. 더 나아가 가상의 데이터들이 현실로 들어오게 된다. 스마트폰에서 펼쳐진 증강현실이라는 기술은 현실과 가상을 하나로 합해서 스마트폰 스크린을 통해 하나로 보이도록 해주었다. 향후 더 많은 사물들이 인터넷에 연결되면 사물 간에 소통이 이루어지고 그러한 정보를 바탕으로 현실계 속에 가상계의 데이터가 보이게 될 것이다. 별도의 디지털 스크린을 통하지 않고도 현실 속에 가상의 데이터가 투영되어 보이는 것이다. 그것을 가능하게 하는 것이 UX의 힘이다. 홀로그램과 같은 투영 기술의 발전은 별도의 스크린이나 안경이 없어도 현실에서 가상의 사물이 보이는 것을 가능하게 해줄 것이다. 이렇게 되면 현실과 가상은 완전히 통합되어 별도의 컴퓨팅 장치를 휴대할 필요가 없어질 것이다.

지금 비즈니스는
빅데이터 전쟁 중

한국인터넷진흥원은 2013년 인터넷의 10대 이슈로 빅데이터와 사물인터넷을 포함했으며, 미래창조과학부는 국가과학기술 빅데이터 센터를 세워 과학기술 빅데이터 생태계를 추진한다고 한다. 미국은 2012년 3월 빅데이터 활용 기술 개발을 위해 2억 달러 이상을 투자하는 범부처 사업인 Big Data & R&D initiatives를 발표했다. 유럽도 GRDO(데이터 인프라 비전) 2020을 통해 과학 데이터와 컴퓨터 자원을 공유해 가상 연구 환경을 제공할 계획이다. 컴퓨터 기술과 모바일 네트워크의 발전으로 인하여 다양한 데이터가 쌓여가고 있으며 이를 분석해 새로운 가치를 창조해내는 비전이 중요해지고 있다. 기업 역시 고객의 데이터를 실시간으로 수집하고 분석함으로써 자원 효율화와 새로운 비즈니스 모델 개발의 기회로 삼고 있다.

고객의 일상과 생각을 수집한다

대형 마트에서 상품을 진열할 때에는 정교한 데이터 과학을 기반으로 한다. 상품을 어떤 순서로, 어떤 위치에 배치하느냐에 따라 매출이 크게 달라지기 때문이다. 일례로 마트의 식품 코너에 진입하면 바로 과일을 만나볼 수 있고, 우유가 배치된 곳 근처에 시리얼이 있고, 계산대 부근에 건전지와 껌이 배치된 것은 철저히 고객의 구매 데이터를 기반으로 상품을 배치했기 때문이다. 이러한 진열 방식은 마트의 위치별로도 조금씩 다르다. 마트 주변의 거주자들이 싱글족인지, 아이를 기르는 30대의 가족인지, 40대의 중산층인지 등에 따라 구매 패턴이 다르기 때문이다. 실제로 백화점과 마트는 이러한 고객 데이터를 기반으로 수시로 상품 진열과 매장 내 배치를 바꾸면서 매출 극대화를 꾀하고 있다.

이처럼 고객의 관점에서 효율적인 마케팅 전략을 수립하여 수익성을 향상시키는 것을 가리켜 CRM(Customer Relationship Management)이라고 부른다. CRM이 인터넷으로 옮겨온 것이 e-CRM이다. 국내 포털의 광고 비즈니스 모델과 쇼핑몰, 그리고 온라인 게임회사에서는 이 같은 e-CRM을 이용해서 비즈니스 전략을 추진하고 있다. 하루에 1,000만 명 이상이 방문하는 포털은 이들 방문자가 웹 사이트에 방문해 사이트의 어떤 부분을 가장 많이 보고, 어떤 순서로 URL을 클릭하고, 어떤 페이지에서 얼마나 시간을 소비하는지 분석하며 해마다 정기적·비정기적으로 사이트를 개편하고 있다. 사이트 개편은 철저하게 사용자들의 관점에서 해석하고 이루어진다. 온라인 게임회사 역시 사용자들이 아이템을 판매하고 거래하는 패턴을 분석해서 아이템의 가격을 책정하고 구성한다.

고객의 행동 데이터(Behavior DATA)를 어떻게 분석하느냐에 따라 수익성은 큰 차이가 난다. 고객의 데이터를 분석하기 위해 중요한 것은 양질의 데이터를 모으는 것이다. 우리가 주목해야 하는 미래 비즈니스의 핵심은 고객의 데이터를 잘 모아주는 서비스 그 자체에 있다. 그 서비스에 쌓여가는 고객 데이터가 커다란 부가 가치를 창출해주기 때문이다. 아무리 훌륭한 데이터 분석 기술을 가지고 있다 하더라도 양질의 데이터를 모을 수 없으면 말짱 도루묵이다.

페이스북, 트위터 등의 서비스가 구글 못지않게 모바일 시대에 주목받게 된 것은 이들 서비스에 쌓이는 데이터들 때문이다. 페이스북이나 트위터에는 사용자가 어떤 콘텐츠에 어떻게 반응했는지가 쌓여간다. 페이스북의 Like와 트위터의 RT는 고객이 좋아하는 것에 대한 정보를 명확히 알 수 있도록 해주는 중요한 데이터이다. 심지어 페이스북에는 고객이 즐기는 음악, 영화, 기사에 대한 것도 쌓여간다. 그러한 데이터가 그냥 쌓이는 것이 아니라 실시간으로 쌓이면서 그가 언제, 어디서, 무엇을, 어떻게 좋아하는지 알 수 있다. 이러한 정보는 광고 혹은 전자상거래 등에 유용하게 활용될 수 있다.

● **모바일, 소셜 쇼핑의 가능성**

PC 기반의 전자상거래는 소비자를 논리적으로 만들었다. 구매를 하기 전 다양한 리뷰를 보면서 상품을 철저하게 비교 분석해서 구매하도록 만든 것이다. 반면, 스마트폰 기반의 소셜 쇼핑은 감성적인 쇼핑을 하도록 만들었다. 웹 쇼핑이 더 저렴한 가격으로 안방에서 쉽게 쇼핑을 할 수 있도록 해주었다면 모바일 쇼핑은 디지털 콘텐츠와 공산품을 포함한 모든 것(여행상품, 티켓 외 오프라인 상점에서의 요리)을 쇼핑할 수 있도록 해주고 있다.

더 나아가 친구와 지인들의 SNS 일상을 통해 구매욕을 자극받아 충동적으로 즉시 상품을 구매하도록 만드는 것이 모바일 소셜 쇼핑의 특징이다. 또한, 모바일 쇼핑은 기존의 구매 프로세스를 2단계로 줄여줌으로써 좀 더 즉각적으로 상품을 구매할 수 있도록 한다. 즉, 소비자가 구매의 필요성을 느끼기도 전에 빅데이터를 기반으로 사용자에게 소비할 제품을 추천하고, 사용자는 제품을 선택만 하면 지불과 구입이 자동으로 이루어지는 원스톱 쇼핑이 모바일 전자상거래의 미래이다.

쇼핑 프로세스의 변화

고객의 컨텍스트를 읽는다

신문과 지역 거점별 직업소개소가 하던 취업광고와 인력중계, 헤드헌팅 등의 역할이 웹이 성장하면서 미국은 몬스터닷컴, 한국은 잡코리아로 옮겨갔다. 그런데 모바일이 성장하면서 웹에서 시장을 지배하던 취업 사이트가 SNS 기반의 링크드인(Linked-in)으로 옮겨가고 있다. 기존 취업 사이트는 취업이나 이직을 앞둔 경우에만 이력서를 갱신하고 지원하기 위해 방문할 뿐, 입사에 성공하면 더 이상 방문할 이유가 없다. 반면 링크드인과 같은 새로운 SNS는 수시로 이력서를 업데이트하고 인맥을 쌓으며, 새로운 비즈니스의 기회(제휴, 영업, 마케팅 등)를 얻기 위해서 들어가야 한다. 수시로 들어가 새로운 관계를 맺고 정보를 입력하기 때문에 링크드인에 쌓여가는 데이터도 최신 정보로 유지된다. 이렇게 쌓여가는 양질의 데이터는 기업의 채용 담당자나 헤드헌터는 물론 새로운 비즈니스의 기회를 마련하고 싶은 직장인들에게 중요한 정보로 활용되어진다.

웹2.0 시대에 인터넷 북마크 서비스라 불렸던 딜리셔스(Del.icio.us)와 유사한 컨셉트이지만 SNS와 모바일의 특성을 십분 살린 핀터레스트(Pinterest) 역시 고객의 행동 데이터가 쌓여가는 대표적 사이트이다. 핀터레스트는 사람들이 인터넷 상에서 관심 있고, 좋아하는 상품 등에 대한 정보를 쉽게 기록하고 관리할 수 있도록 해준다. 인터넷 서핑을 하다가 발견한 쇼핑몰의 특정 상품이나 뉴스 사이트에서 찾은 유용한 정보, 블로그에서 본 유익한 글 등을 체계적으로 분류할 수 있다. 이렇게 분류한 내역은 페이스북 등의 친구들과 쉽게 공유할 수 있으며, 해당 상품을 등록한 다른 사람들을 확인할 수 있다. 또한, 다른 사람들이 찜한 상품과 쇼핑 리스트, 관심 페이지들을 쉽게 파악할 수 있다. 이렇게 쌓여가는 사용자들의 관심사는 해당 사용자가 무엇을 좋아하고 어떤 것을 구입하고 싶어 하는지 파악할 수 있어 이를 기반으로 광고, 전자상거래 등의 부가가치를 창출할 수 있다.

이런 비즈니스를 세계에서 가장 잘 해오고 있는 곳은 아마존이지만 구글 역시 인터넷 쇼핑에 본격적으로 진출하고 있다. 구글은 2012년 말 유료화한 구글 쇼핑 서비스를 강화하기 위해 2013년 2월 마케팅 서비스 기업인 채널 인텔리전스(Channel Intelligence)를 인수한다고 발표했으며, 구글 쇼핑 익스프레스를 통해서 당일 배송 서비스를 내놓았다. 온라인 쇼핑 시장의 강자인 아마존과 검색 광고 비즈니스의 최강자인 구글이 전자상거래 시장을 두고 한 판 대결을 하게 될 것이다. 이때 가장 중요한 것이 사용자의 관심, 구매, 행동과 관련된 빅데이터이다.

웹의 시대에는 고객의 프로필 정보만 얻을 수 있었다면 모바일 시대에는 고객의 행동 데이터를 얻을 수 있다. 더 나아가 IoT의 시대에는 고객의 행동을 넘어 고객의 컨텍스트를 얻을 수 있다. 즉, 고객이 어떤 상태이고 무엇에 관심 있는지를 넘어, 어떤 니즈를 가지고 있으며 왜 그것을 좋아하는지를 알 수 있게 되는 시대인 것이다. 웹을 통해 Who을 알게 되었고, 모바일에서 What을 알 수 있게 되었다면, 앞으로는 고객의 Why를 알게 되어 How와 When을 예측할 수 있게 될 것이다. 이 모든 것은 새로운 비즈니스 모델을 만들어낼 것이며 이를 위해 중요한 것은 고객의 행동 데이터를 체계적으로 모으는 서비스와 이렇게 모인 데이터를 효과적으로 분석하는 데이터 마이닝 기술이다.

● **소비자의 니즈를 읽어내는 기술**

이베이, 아마존, 옥션, 지마켓, 인터파크 등의 오픈마켓과 쇼핑몰이 가진 경쟁력은 고객의 계정과 쇼핑 내역 등의 구매 데이터들이다. 이러한 데이터는 새로운 상품을 판매하고 새로운 비즈니스 모델을 만드는 데 핵심이 되는 자산이다. 웹의 시대에 이들 쇼핑몰 사업보다 더 영리한 비즈니스 모델이 가격비교였다. 더 값싼 가격으로 판매하는 쇼핑몰을 추천해주는 것으로 소개비, 광고비, 수수료를 챙기는 사업을 한 것이 다나와, 네이버의 가격비교, 다음의 쇼핑하우와 같은 비즈니스 모델이다. 그런데 사실 인터넷은 중간 마진을 챙기는 도매업을 없애고 판매자와 소비자를 직거래로 연결시켜줌으로써 유통 수수료를 최소화할 수 있도록 해준다. 그런데 정작 가격비교 즉 검색 서비스가 쇼핑몰과 소비자의 중간에서 유통 마진을 챙기는 비즈니스를 해온 것은 아이러니가 아닐 수 없다.

그간 쇼핑몰들은 고객과의 직접적인 접점 마련을 위해 고객들에게 값싼 가격 외에 온라인 쇼핑과 관련한 부가가치들(쿠폰, 마일리지, 상품 추천 등)을 제공하면서 가격비교를 거치지 않고 직접 거래하는 빈도를 높여왔다. 더 나아가 모바일 시대 이후엔 고객들의 행동 데이터를 기반으로 소비자들이 상품을 검색하고 가격을 비교하기도 전에 소비자가 필요로 하는, 사고 싶어 하는, 살 수 밖에 없도록 하는(충동구매) 상품 정보를 추천함으로써 구입하게 하는 것이 향후 전자상거래의 핵심 역량이 될 것이다.

이런 기술은 홈페이지를 예쁘게 꾸미고, 상품을 잘 진열하고, 양질의 상품과 판매자를 확보하는 것만으로 얻을 수 있는 것이 아니다. 페이스북과 핀터레스트 등의 서비스 속에 남겨진 고객들의 행동 데이터를 분석하고, 과거 쇼핑 내역과 구매 성향을 비교 분석해서 고객의 니즈를 미리 예측할 수 있어야 한다. 내 주변의 쇼핑홀릭 중에는 아마존과 핀터레스트를 통해서 구매욕을 자극받아 구매대행과 배송대행을 통해서까지 쇼핑을 즐기는 사람들이 생겨나고 있다. ICT에 문외한이고 컴퓨터 다루는 것을 싫어하는 그들이 페이팔 계정을 만들고 배송대행까지 이용할 정도라면 그만큼 아마존이 타깃팅을 잘 하고 있다는 것이고 핀터레스트가 훌륭한 지름신이라는 반증이다.

데이터 분석 기반의 개인 맞춤형 서비스

아이튠즈의 지니어스라는 기능은 사용자가 아이튠즈를 통해 즐겨듣는 음악을 분석해서 자동으로 음악을 추천해준다. 또한, 앱스토어에서도 그간 구매한 앱을 분석해서 좋아할 만한 앱을 추천해준다. 물론 지니어스를 통해 추천되는 음악과 앱은 사용자별로 다르다. 아이튠즈, 앱스토어의 TOP 25 랭킹에서 제공되는 것은 누구에게나 똑같이 보이지만 지니어스를 통해 보이는 것은 사용자별로 다르다. 이런 것을 가리켜 개인화라 부르며 이미 웹에서 2005년경부터 시도해왔지만 실패한 바 있다. 웹에서 개인화 서비스가 실패한 이유는 사용자의 니즈가 없어서가 아니라 개인화 서비스를 제공하기 위해서 사용자에게 너무 많은 것을 요구했기 때문이다. 사용자가 평소 좋아하는 뉴스 분류와 관심사 등을 자세하게 기록해야만 개인화 서비스를 사용할 수 있었을 뿐 아니라 그렇게 제공받은 개인화 서비스의 정확도가 떨어져 실패했다. 하지만 모바일 시대에는 사용자가 평소 스마트폰을 사용하면서 즐겨듣는 음악과 앱, 콘텐츠, 서비스를 자동으로 분석해서 이를 기반으로 추천해주기 때문에 번거로운 정보 입력을 할 필요가 없고 정확도가 높다.

인터넷 라디오라 불리는 미국의 판도라 서비스는 사용자별로 서로 다른 개인 라디오 서비스를 제공해준다. 평소 즐겨듣는 음악을 검색해서 Like를 해두면 이를 판도라가 분석해서 사용자가 좋아할 만한 음악을 자동 선곡해 라디오처럼 계속 들려준다. 국내에 벅스뮤직이나 네이버뮤직 역시 이와 유사한 라디오 서비스를 제공하고 있다. 사용자가 서비스를 사용하는 패턴을 분석해서 개인 특성에 맞는 개인화 서비스를 제공하는 것이 PC의 시대에는 어울리지 않았지만 모바일 시대에는 필수 서비스로 자리매김해가고 있다. 새 술은 새 부대에 담아야 한다는 속담처럼 새로운 플랫폼에서는 기존의 고정관념을 버려야 한다.

사실 이렇게 사용자들의 데이터들이 모여서 방대한 데이터로 쌓이게 되면 이 많은 데이터 속에서 필요로 하는 정보만을 찾아내는 것이 쉽지 않다. 너무 많은 양의 데이터들을 비교하고 분석하는 데 물리적인 시간이 걸리기 때문이다. 또한 그보다 더 어려운 것은 데이터를 분석해서 얻고자 하는 가치를 정의하고 그에 따라 무슨 데이터를 어떻게 분석할지 설계하는 것이다. 이것은 기술적인 것이 아니라 인문학적 지식과 과학적 사고, 논리적인 분석력 등이 필요하다. 누가, 언제, 어디서, 어떻게, 무엇을 했다는 데이터를 기반으로 사용자가 왜 그렇게 행동을 했을지 유추해내는 것이 데이터 마이닝이다. 그 유추하는 과정은 단지 데이터를 분석하는 기술만 중요한 게 아니라 다양한 경험을 기반으로 한 인사이트를 필요로 한다.

스마트폰을 넘어 좀 더 많은 기기들이 인터넷에 연결되고, 우리가 사용하는 디지털 기기의 숫자가 늘어나면서 이들 기기에 쌓여가는 데이터들도 방대해져가고 있다. 이들 데이터를 효과적으로 분석할 수 있어야만 새로운 부가가치를 창출하고, 이를 기반으로 비즈니스 모델을 만들 수 있다. 그렇기 때문에 데이터를 분석하는 학문과 과학에 대한 관심은 더욱 커져갈 것이다. 이들 데이터를 시계열로 분석하면 인류의 지혜를 흉내 내는 인공지능이 만들어질 수 있고 이를 기반으로 좀 더 똑똑한 서비스들이 탄생할 것이다.

내일을 예측하는 Data Science

데이터 과학의 장기적인 목적은 사용자의 명령 없이도 자동으로 사용자가 필요로 하는 서비스를 제공하는 것이다. 즉, 운전사나 비서, 집사처럼 알아서 내 일을 처리해주는 인공지능의 로봇을 만들기 위해 데이터를 축적하고 이를 분석하는 것이다. 인류 문명을 발전시킨 원동력은 언어와 문자에 의해서 인류의 지식이 집대성되고 그것이 책 등을 통해서 역사 속에 이어져온 데 있다. 그런데 디지털 시대가 개막되면서 더 이상 우리가 애써서 정보를 남기려 하지 않아도 자동으로 우리 경험이 디지털라이징되어 기록되고 있다. 이렇게 기록되는 데이터들이 수년, 수십 년간 쌓이게 되면 이들 데이터를 기반으로 인류 문명은 더욱 발전될 수 있다. 하지만 이들 데이터가 분석되어 적절히 활용되지 않으면 서재에 꽂힌 채 아무도 읽지 않아 먼지만 쌓여가는 책이나 다를 바 없다. 데이터가 컴퓨터에 의해 다양한 각도에서 분석되고 활용되면 더 나은 시스템을 만드는 데 기여하게 되고 인류문명은 비약적으로 발전하게 될 것이다. 그동안 인간의 두뇌보다 빠르게 계산과 반복 처리, 기억 등을 해준 것처럼, 컴퓨터가 방대하게 쌓여가는 데이터의 분석을 통해서 인간의 뇌가 하던 판단과 예측, 사고 등의 역할을 부분 대신해줄 것이다.

단기적으로는 데이터 과학을 기반으로 구글의 애드몹나 애플의 아이애드(iAd)에 똑똑한 광고가 제공되고 있다. 페이스북, 트위터도 사용자에게 불쾌감이나 불편을 주지 않는 유익한 광고를 제공하기 위해 사용자가 SNS에 쌓는 빅데이터를 분석하고 이를 기반으로 사용자에게 도움이 되는 광고를 서비스하려고 노력 중이다.

최고의 가치를 만들어낼 고객 결제 데이터

3년차 스타트업인 스퀘어(Square)의 기업가치는 무려 32억 5,000만 달러라는 엄청난 보도가 있었다. 그런 스퀘어에 스타벅스가 약 300억 가량의 투자를 하면서 전략적 제휴를 맺은 이후, 전 세계의 스타벅스 매장에서 스퀘어를 이용한 쉬운 결제 서비스가 가능해졌다. 스퀘어는 기존의 모든 신용카드를 사용할 수 있어 범용성으로는 NFC보다 더 편리하다. 매장주 입장에서는 별도의 NFC 단말기나 신용카드 인식기 없이 아이폰이나 아이패드 등을 이용해 결제를 할 수 있어 좋다.

예전 소상공인들은 신용카드 결제를 위해 전용 단말기를 설치하고 VAN에 가입해 신용카드 가맹점 계정을 발급받아야 했다. 그런데 트위터 창업자인 잭 도시(Jack Dorsey)는 2009년 기존의 VAN 기반의 신용카드 결제의 번거로움을 해결하기 위한 목적으로 스퀘어를 만들었다. 아이폰의 3.5mm 이어폰 단자에 장착하는 작은 사각형 모양의 스퀘어가 신용카드의 마그네틱 정보를 읽어서 스퀘어 서버에 보내줌으로써 결제가 진행된다. 소상공인은 별도의 단말기를 가지고 있지 않아도, 신용카드 가맹점으로 등록하지 않아도, 스퀘어의 서비스에 가입하고 아이폰에 장착하는 것만으로 결제를 할 수 있다. 특히 기존 VAN에서 제공되는 것보다 다양한 부가 서비스가 제공되어 가입자나 결제자 모두 더 편리한 결제 서비스에 만족하게 되었다. 어디에서든 즉각 결제를 할 수 있어 길거리에서 장사를 하는 소규모 사업자가 결제를 해야 할 경우, 배달한 이후 즉각 결제를 해야 할 경우, 큰 매장 내에서 고객이 있는 자리에서 바로 결제해야 할 경우 편리하다.

스타벅스와 스퀘어의 제휴는, 스퀘어 입장에서는 미국 내에서만 7,000개의 매장을 가진 스타벅스에서의 결제 규모를 기반으로 결제 수수료를 낮추기 위함일 것이다. 스타벅스 입장에서는 스퀘어에 자금 투자와 마케팅 지원을 하면서 오프라인의 VPN, 온라인의 Paygate 이후 모바일 시대의 결제 인프라 산업에 본격 진출해 신성장 동력을 확보하기 위함일 것이다.

사실 미개척지인 모바일 결제 시장에 대한 도전은 구글의 월릿(온라인 기반의 체크아웃이 클라우드 기반의 월릿으로 통합됨), 이베이와 제휴한 페이팔, 그루폰, 애플의 패스북(쿠폰 기반) 등이 추진해왔다. 특히 NFC가 스마트폰에 탑재되면서 이를 이용한 모바일 결제의 패러다임을 주도하기 위한 구글, 통신사, 금융사의 움직임이 본격화되고 있다.

하지만 스퀘어는 최근 모바일 결제와 달리 기존 아날로그 방식의 신용카드와 100% 호환된다는 점이 가장 큰 특징이다. 최신 NFC 기반의 결제는 NFC를 인식하는 단말기가 매장에 설치되어 있어야 하고, 사용자 역시 NFC를 탑재한 폰을 보유하고 NFC 기반의 결제 시스템에 가입되어 있어야 하는 허들이 있는 반면, 스퀘어는 이러한 번거로움이 없다.

게다가 스퀘어는 향후 'Pay with Square'라는 앱을 이용해 스퀘어 단말기 없이도 사용자가 스마트폰에서 직접 결제 후 바코드를 매장에 보여주면, 바코드 인식기가 설치된 POS 시스템을 이용해 쉽게 결제하는 방식도 제공할 예정이다. 한마디로 스퀘어는 새로운 기술보다는 기존의 사용자 체험(마그네틱 신용카드를 기반으로 한 결제와 폰에서의 온라인 결제)을 유지하고, 매장에서 비싼 전용 단말기 설치 없이 쉽게 차세대 결제 시스템을 제공하는 것으로 시장 장악을 하고 있다.

매장에 방문해서 주문을 하고 신용카드를 꺼내어 결제를 하고 사인을 한 후 주문한 것을 기다리는 것이 일반적인 결제 프로세스이다. 하지만 스퀘어는 아마도 이러한 것을 꿈꿀 것이다. 매장에 들어서면서 매장의 주문앱을 실행하면 주문 가능한 상품 리스트가 보이고, 주문을 하면 스퀘어 앱으로 결제가 이루어시고, 이후 결제 결과와 쿠폰 등을 일목요연하게 확인할 수 있다. 주문 후 상품이 준비되면 바로 폰에서 이를 알려줌으로써 원스톱으로 주문-결제-이용을 할 수 있다.

전 세계 스타벅스 매장에서 스퀘어가 사용되면, 사용자들은 스퀘어 결제를 장벽 없이 수용하게 되고 점차 다른 매장에서도 스퀘어를 이용하게 된다. 이로써 스퀘어는 오프라인 결제 시장의 패러다임을 쉽게 주도할 수 있게 될 것이다. 또한, 소비자들의 각종 상품 주문과 결제 내역을 디지털라이징함으로써 스퀘어는 결제를 넘어서 다양한 부가가치를 창출할 수 있는 수익모델을 가져갈 수 있게 될 것이다. 스퀘어에는 사용자들이 오프라인에서 구매한 모든 내역들이 저장되기 때

스타벅스와 스퀘어

문이다. 사실 우리는 온라인보다 오프라인에서 더 오래 체류하고, 더 많은 비용을 지불하고 살아간다. 온라인 결제보다 오프라인 결제가 훨씬 더 많은 것은 우리가 이동하고, 먹고, 사고, 즐기는 대부분의 것이 현실계 속에 존재하기 때문이다. 이런 현실계에서의 결제와 관련된 정보를 데이터화해서 기록한다면 이것만큼 가치 있는 것도 없을 것이다.

이런 이유로 구글의 전자지갑은, 구글이 단지 금융사업에 진출하는 게 목적이 아니라, 현실계 사용자들의 소비패턴과 결제정보를 데이터베이스화하여 구글이 제공하는 다양한 서비스들에 쌓여가는 고객 행동 데이터와 결합해 더욱 강력한 데이터를 완성하는 것이 궁극적 목적임을 보여준다. 이렇게 온오프라인을 결합해 완성된 탄탄한 고객 데이터를 기반으로 더욱 반응과 효과가 높은 광고와 상품 추천을 할 수 있다. 애플이 직접 결제는 아니지만 결제 이후 마일리지, 쿠폰 등을 관리할 수 있는 패스북 서비스를 제공한 것도 사용자가 오프라인에서 어떤 상점에 방문해 어떤 상품을 소비하는지에 대한 데이터를 확보하기 위함이다. 그런 면에서 SK플래닛이 서비스하는 스마트 월렛 역시 궁극적으로는 웹에서 쇼핑몰보다 앞선 비즈니스 모델이었던 가격비교처럼, 모바일 쇼핑보다 한 수 위의 사업인 것이다.

이 같은 결제 정보가 주는 새로운 부가가치와 비즈니스의 기회를 기존 금융사가 제대로 이용하지 못하는 사이에 인터넷 플랫폼 기업이 시장을 잠식하고 있다. 특히 전자화폐(가상화폐)는 금융사로 하여금 고객이 구체적으로 어떤 상품을 어떤 매장에서 구매했는지조차 기록으로 남길 수 없게 만듦으로써, 금융사를 마치 망만 제공하고 중요한 데이터와 서비스 기회를 놓치고 있는 통신사와 같은 처지로 만들 것이다. 네이버 캐시, 페이스북 크레딧, 아이튠즈 기프트카드, 아마존 코인, 카카오 초코 등을 이용하면 금융사는 이들 사이버 캐시의 결제 내역만 기록될 뿐 고객이 구체적으로 이 캐시를 이용해 무엇을 구매했는지는 알 수 없게 된다. 결제 그 자체보다 결제 전에 사용자의 구매 이력 정보를 확보하는 것이 중요하다.

● **현실계의 로그를 데이터화하라**

기존에는 거래 그 자체와 거래가 성사될 때의 그 순간만이 중요했지만, 디지털 시대에는 기존에 디지털라이징하기 어렵던 경험들을 데이터로 저장할 수 있기 때문에 이를 기반으로 다양한 부가가치를 창출해낼 수 있다.

실례로, BC카드는 대박창업이라는 앱을 출시했는데, 이는 BC카드가 보유한 가맹점 DB와 위치정보를 결합해 업종별·지역별 매출정보와 상권 정보를 제공함으로써 어느 지역에서 어떤 업종이 창업을 하는 데 유리한지 정보를 제공해준다. 즉, 특정 지역에서 창업형태에 따라 예상되는 매출액을 알 수 있고 상권 주변 거주 인구수와 성별·연령별 고객 수를 파악할 수 있다. 이러한 서비스는 BC카드에서 확보한 데이터를 기반으로 제공할 수 있는 것이다. 향후 BC카드는 이 앱을 이용하는 창업자들에게 다양한 부가 서비스를 제공함으로써 자사 가맹점 확보를 위한 미끼로 활용할 것이다. 이렇게 확보한 가맹점과 거기서 발생하는 결제 정보는 미래에 다양한 용도로 활용될 수 있다.

기존에는 문제가 발생했을 때에 검증하기 위한 자료일 뿐 부가가치를 창출해내지 못한 데이터들이 지금은 새로운 서비스를 만들어내는 데 중요한 자원이 되고 있다. 게다가 새로운 서비스 덕분에 마케팅 시너지와 새로운 성장 동력을 만들어내는 데 기회를 제공하고 있다.

방송의 패러다임을 바꾸는 스마트폰과 스마트TV

2012년 말 국내 IPTV 가입자는 652만 명으로 2011년 대비 33% 늘어났다. 해마다 빠르게 IPTV 가입자가 늘어나는 이유는 KT, SK브로드밴드, LG유플러스에서 미디어 사업을 성장 동력으로 삼으며 역량을 집중하고 있기 때문이다. LG유플러스는 2012년 10월 구글과 함께 U+TV G라는 구글TV를 선보였다. 또한, KT와 SK브로드밴드도 안드로이드, 리눅스 등을 기반으로 한 스마트TV 셋톱박스를 가입자에게 선보이며 IPTV를 스마트 미디어로 업그레이드할 계획이다. 이에 대항하는 방송사들의 반격도 만만치 않다. MBC, SBS를 중심으로 KBS가 참여한 pooq, CJ헬로비전의 tving이 대표적인 사례이다. 스마트폰과 함께 불어닥친 디지털 컨버전스의 열풍 속에서 방송 시장의 일대 변화가 시작되었다.

무한 경쟁의 패러다임을 시작한 디지털 산업

영국의 경제학자 콜린 클라크(Colin G. Clark)는 산출물의 특성을 기준으로 1차 산업, 2차 산업, 3차 산업으로 구분했다. 자연에서 직접 생산물을 얻는 농업, 어업, 광업 등의 1차 산업과 1차 산업의 산출물을 가공하여 물건을 만드는 공업, 제조업, 건설업 등의 2차 산업으로 나뉜다. 그리고 재화의 이동이나 소비, 축적과 관련된 것을 3차 산업이라 부르며 금융업, 유통업, 상업 등이 이에 속한다. 4차 산업은 이후에 만들어진 것으로 정보, 지식 산업에 대한 것이다. 웹과 모바일 기반의 서비스 산업들을 4차 산업이라 부를 수 있다. 그런데 스마트폰으로 시작된 디지털 혁명이 이 같은 산업간 경계를 무너뜨리고 있다. 대표적인 것이 애플, 구글, 아마존의 사례이며 그 뒤를 이어 삼성전자, 통신사에서도 그러한 패러다임을 찾아볼 수 있다.

모바일 이전의 반쪽짜리 디지털인 PC 시대에는 산업간 구분이 명확했다. 2000년대의 PC 시장에서 컴퓨터를 제조하던 제조사, 이 PC에 OS와 SW를 제공하던 MS와 소프트웨어 기업, 그리고 초고속 인터넷을 제공하는 통신사는 서로 구분된 산업군에 속했다. 그런데 이러한 산업간 구분이 모바일 이후부터는 점차 통합되고 있다.

아이폰은 디바이스의 제조와 OS의 제공을 한 회사, 즉 애플에서 하고 있다. 게다가 그 아이폰에는 디지털 콘텐츠인 앱, 음악, 영화, 방송, 책, 잡지 등을 유통하는 앱스토어, 아이튠즈, 팟캐스트, 아이북스 등이 제공되고 있다. 아이폰은 디바이스 제조, 소프트웨어 개발, 콘텐츠 유통의 경계를 허물었다.

구글도 안드로이드라는 OS를 제조사에 제공하지만, 모토로라 모빌리티를 인수해 독자적인 스마트폰을 제조할 수 있는 역량을 갖추고 있다. 게다가 유럽에서는 MVNO 사업(이동통신 사업자로부터 통신망을 빌려 서비스를 재판매하는)을 하고 있으며, 미국에서는 화이버(Fiber)라는 Gbps급 네트워크 사업을 추진 중에 있다. 소프트웨어 경쟁력을 기반으로 하드웨어 제조 역량까지 흡수한 것으로 모자라 네트워크 사업으로까지 영향력을 확대하고 있는 것이다. 게다가 전통적으로 구글이 가진 서비스 기득권을 모바일화하고, 더 나아가 구글 플레이를 통해서 애플이 추진해온 디지털 콘텐츠 유통 사업으로까지 확대하고 있다. 이미 구글은 서비스, 소프트웨어 개발, 하드웨어 제조, 통신 사업, 그리고 콘텐츠 유통까지 아우르는 사업을 펼치고 있다.

아마존은 전통적으로 유통산업의 최강자로 군림해왔는데, 킨들을 통해서 전자책을 제조하고 이어 킨들 파이어 HD를 제조하며 태블릿 시장까지 자연스럽게 진출했다. 아마존 태블릿은 이미 애플 아이패드와 삼성전자 태블릿의 최대 경쟁자가 된 지 오래다. 게다가 저가형 스마트폰 제조까지 추진하려는 움직임을 보이고 있다. 물론 그러한 아마존의 태블릿과 스마트폰에는 애플의 아이튠즈나 구글의 구글 플레이처럼 디지털 콘텐츠를 유통할 수 있는 스토어가 제공된다. 거기에 그치지 않고 아마존은 아마존 스튜디오를 설립해서 이 같은 아마존 플랫폼에서 서비스할 수 있는 방송 콘텐츠와 게임을 독자 개발하고 있다. 콘텐츠 유통에서 한 발짝 더 나아가 직접 콘텐츠를 개발, 생산하는 영역까지도 확대한 것이다. 아마존은 유통, 콘텐츠, 하드웨어, 소프트웨어 모든 것을 아우르는 회사로 발돋움했다. 심지어 2012년 480억 달러 매출 중 5억 달러는 광고로 수익화하고 있으며, 그간 쌓아온 아마존의 고객 구매 이력 데이터를 기반으로 인터넷 광고 시장에 진출하겠다고 선언했다. 아마존이 구글의 검색광고 시장에 진출한 것이다. 구글이 검색광고를 통해 만들어낸 380억 달러의 시장에 도전장을 낸 것이다.

모바일로 시작된 디지털 시대에 산업간 경계는 허물어지고 무한 경쟁의 시대가 되었다. 상황이 이렇다 보니 가전기기, 컴퓨터, 스마트폰, 반도체 제조로 뼛속까지 제조 산업에 속한 삼성전자가 변화하지 않을 수 없다. 바다라는 OS를 만들고, 타이젠이라는 새로운 모바일 OS에 투자하며 소프트웨어 경쟁력을 확보하려 하고 있다. 더 나아가

태블릿을 제조한 아마존

MSC(Media Solution Center) 조직을 통해서 서비스에 끊임없이 도전하며 카카오톡과 같은 챗온이라는 앱을 개발하고, 디지털 콘텐츠를 유통하는 허브(리더스허브, 리딩허브, 뮤직허브, 소셜허브)와 삼성 스토어를 추진하고 있다. 또한, 콘텐츠 개발에도 직접 뛰어들기 위해 콘텐츠 관련 업체들을 인수, 투자하는 것을 강화하고 있다.

갈수록 컨버전스 산업, 융합의 비즈니스라는 패러다임이 확산되고 있다. 산업의 컨버전스화를 통해 우리가 얻게 된 가장 큰 경제적 가치는 효율성이 높아졌다는 점이다. 효율성이 높다는 말은 어떤 행위가 특정한 목적을 달성하는 데 있어 비용 대비 결과치가 크다는 것을 뜻한다. 산업의 통합화로 인해 한 기업에서 여러 사업을 통합 제공하다 보니 효율성이 높아져 저렴한 비용으로 서비스를 제공받을 수 있게 되었다. 통신사가 스마트폰 요금, 유선전화 요금, 초고속 인터넷 요금, IPTV 요금 등을 결합상품으로 제공하면서 저렴한 가격으로 서비스를 받을 수 있게 된 것과 비슷한 셈이다.

● **카카오톡의 모바일 포털화**

네이버가 다음과 다른 길을 걷게 된 것은 한게임과 합병하면서 웹 게임 시장을 아우르는 사업을 전개할 때부터다. 이후, 웹에서 핵심 서비스이자 캐시카우인 검색 사업의 주도권을 가져가면서 인터넷 시장의 패러다임 주도권을 가지게 되었다. 이후 가격비교 서비스를 런칭하고 전자상거래 시장까지 확보하면서 게임을 통한 B2C 유료화, 검색 기반의 광고, 그리고 온라인 쇼핑 비즈니스라는 3가지의 비즈니스 포트폴리오를 가지게 되었다.

카카오톡의 성장도 이와 유사하다. 카카오톡이 국민 서비스로 자리 잡으면서 애니팡, 드래곤플라이트, 아이러브커피와 같은 모바일 게임을 카카오톡의 소셜 그래프를 기반으로 제공하면서 게임 시장을 공략했다. 이후 모바일의 성장과 함께 웹에서 검색만큼 킬러앱인 SNS에 도전하며 카카오스토리를 주요 서비스로 자리매김하는 데 성공했다. 이어서 카카오스타일, 채팅플러스 등의 외부 모바일 앱과 연동한 서비스를 선보이고, 플러스친구와 카카오페이지 등의 카카오톡 내 서비스 입점을 통해서 다양한 비즈니스 모델을 선보이고 있다. 카카오톡은 그저 단순한 메신저 서비스가 아니라 모바일의 포털이 되고 있다. 모든 모바일 서비스를 시작할 수 있는 모바일의 관문이 되고 있는 것이다. 이미 카카오톡은 포털을 대체하고 있으며 SMS를 넘어 통화, 커뮤니티, 콘텐츠, 커머스, 그리고 게임과 전자책 등을 통합하는 거대한 통합 서비스 플랫폼이 되고 있다.

세계의 콘텐츠 스토어를 꿈꾸는 아마존

'혁신' 하면 흔히 애플이나 구글을 떠올리는데, 난 아마존이 가장 먼저 떠오른다. 그저 책 쇼핑몰에 불과했던 이 회사는 산업을 넘나들며 다양한 혁신을 해내고 있다. 대표적인 것은 세계 최대의 전자상거래 서비스를 제공하며 축적한 기술력을 기반으로 만든 아마존웹서비스(AWS)이다. B2B 대상의 컴퓨팅 ASP 사업을 하던 IBM, 시스코 등과 비교해 손색없는 클라우딩 서비스를 제공하고 있으며 해마다 2배씩 빠른 성장을 하고 있다. 아마존의 연 매출 약 500억 달러에 비해 아직 10억 달러 수준에 불과하지만 이미 AWS는 190개 국가에서 수십만 고객이 사용 중이며, 미국과 아태지역, 서유럽 등에 데이터 센터를 두고 있다.

그런 아마존이 킨들이라는 전자책(하드웨어)을 개발해 판매하고 있다. 출시한 시기는 아이폰 1세대가 출시되던 2007년 경이다. 컴퓨터를 만들던 애플이 스마트폰을 출시한 것보다 인터넷 쇼핑몰을 운영하던 아마존이 전자책을 출시한 것이 더 주목할 사건임에 틀림없다. 게다가 아마존은 킨들을 해마다 진화시키면서 태블릿 시장을 위협하고 있으며, 보급형 스마트폰에 대한 도전도 할 태세다.

아마존이 이처럼 하드웨어 제조와 판매를 하는 것은 단순히 1차적인 수익을 남기기 위함이 아니라, 그 하드웨어를 사용하게 함으로써 콘텐츠 판매 수익을 기대하는 것이다. 애플 역시 아이폰과 아이패드에 콘텐츠를 유통해주는 아이튠즈, 아이북스, 앱스토어, 뉴스스탠드 등의 디지털 유통 사업을 하고 있지만 하드웨어를 팔아 발생되는 수익에 비하면 비할 바 못된다. 반면, 아마존은 철저하게 하드웨어 판매 기반의 이윤이 아닌 콘텐츠 판매 위주의 이윤을 추구하고 있다.

아마존은 책을 배달하는 쇼핑몰에서 시작해 전자책은 물론 디지털 콘텐츠를 유통하는 기업으로 발돋움하고 있다. 이러한 사업 추진을 위해 자사에서 유통하는 디지털 콘텐츠에 최적화된 하드웨어를 개발하기도 하고, 다른 플랫폼에서 접근 가능하도록 앱을 제공하는 등 유연한 전략을 추구하고 있다. 하지만 아마존은 현재 전자책에 있어서는 시장 점유율 70% 이상을 확보한 절대 강자이지만 동영상이나 게임 등의 디지털 콘텐츠에 있어서는 유투브, 훌루 등의 비디오 전용 유통 플랫폼이나 앱스토어, 구글 플레이 등의 앱 유통 플랫폼에 비해 경쟁력이 약하다.

그런 아마존이 취할 수 있는 전략은 구글이 안드로이드 레퍼런스폰을 HTC, 삼성전자, LG전자 등과 만들면서 모범을 보이듯, 직접 나서서 동영상, 게임 등을 만들어 아마존에서 유통될 수 있다는 모범을 보이는 것이다. 아마존이 콘텐츠 개발에 뛰어든 궁극적인 목적은 좀 더 많은 콘텐츠 개발사들이 아마존의 유통 플랫폼에 둥지를 트는 것이다. 그런데 아무래도 이미 동영상, 게임 등의 시장은 아마존보다 시장을 먼저 선점하고 경쟁력을 갖춘 거대 기업이 자리 잡고 있는 만큼 몸소 모범을 보여야 콘텐츠 개발사들이 관심을 가질 것이다. 아마존은 그들을 독려하기 위한 마중물을 직접 선보이고 있다.

더욱 치열해지고 있는 콘텐츠 유통 시장에서 전통적으로 이 시장의 강자였던 아마존은 다양한 방식의 전략을 기반으로 모든 디지털 콘텐츠 유통의 허브가 되고자 노력하고 있다. 막강한 단말 제조 능력을 기반으로 고객 접점을 갖춘 삼성전자, 인터넷 서비스와 모바일 OS를 기반으로 시장을 주도하는 구글, 섹시한 아이폰과 모바일 OS를 가진 애플과 한 판 전쟁을 앞두고 있다.

IPTV를 위협하는 방송사의 TV앱

pooq과 tving을 서비스하기 시작한 MBC, SBS, CJ 헬로비전의 공통점은 콘텐츠를 보유하고 있을 뿐 아니라 기존 TV를 기반으로 콘텐츠를 유통하는 채널을 보유하고 있다는 점이다. 반면, IPTV를 운영하는 통신사들은 인기 있는 콘텐츠를 생산하지도, 기존 TV에서의 막강한 콘텐츠 유통 채널을 보유하고 있지도 않다. 통신사는 기존 콘텐츠 생산자들로부터 콘텐츠를 사와서 이미 보급된 초고속 인터넷을 기반으로 TV 유통망을 만들어 서비스하고 있다.

사실 TV와 라디오만큼 디지털 시대에 역행하는 것도 없을 것이다. 정해진 시간에만 시청이 가능한데다 잠시 멈추고 이어서 볼 수도 없는 게 한계였다. 시공간 제약 없이 필요한 콘텐츠에 접근할 수 있는 인터넷에 익숙한 디지털 세대에게 TV의 조작방식이나 접근성은 구닥다리 삐삐와 다를 바 없다. 10년 전 구입한 40인치가 훌쩍 넘는 거실 TV는 켜지 않은 지 1년이 넘어간다. 1년 전 구매한 22인치 LCD TV는 안방에서 잠자기 전에 1시간가량만 틀어두곤 한다.

하지만 스마트폰과 태블릿 등의 N스크린 시대를 맞이해 변화가 시작되고 있다. 태블릿을 사용하게 되면서 TV 스크린을 켜두는 시간이 반 이상 줄어든 것 같다. 태블릿을 들고 어디든 이동할 수 있다 보니 거실 소파, 식탁, 책상, 침대 어디서든 TV를 만날 수 있다. 앱의 형태로 서비스되는 pooq이나 tving의 강점은 바로 스크린을 넘나들며 서비스가 가능하다는 데 있다. PC는 물론 아이폰, 안드로이드폰, 아이

태블릿과 아이패드 등으로 pooq 앱을 실행시킨 모습

패드, 태블릿 등을 통해 보유한 콘텐츠를 송출할 수 있다. 언제, 어디서든 스마트폰과 태블릿으로 TV를 시청할 수 있다는 접근성이 TV 앱의 가장 큰 강점이다.

그리고 Live TV의 중계가 인터넷을 기반으로 구성되어 채널 개수의 제한이 없고 인터넷 방송을 위한 Live 송출 시스템이 기존 TV 시스템보다 쉽다 보니 TV에서 만날 수 있는 채널 외에 다양한 채널들을 만날 수 있다. 실제 pooq이나 다음TV 팟플레이어 앱에서는 기존 TV 편성표에서는 만날 수 없는 다양한 채널들이 Live로 제공되고 있다.

● **VOD가 보여준 콘텐츠 유료화의 가능성**

IPTV 가입자 수가 갈수록 늘어나고, 스마트폰과 태블릿 등 다양한 스크린을 지원하는 pooq, tving 등의 앱이 보급되면서 동영상 유료 서비스의 접근성이 향상되고 보편화되고 있다. PC와 달리 스마트폰에서는 콘텐츠 유료 구매에 대한 사용자들의 거부감이 적고, 아이튠즈와 앱스토어, 그리고 구글 플레이, T스토어, 네이버스토어 등의 다양한 디지털 콘텐츠 유통 플랫폼의 등장으로 콘텐츠 판매가 일반화되었기 때문이다. 실제 케이블SO, IPTV 사업자, VOD 콘텐츠 공급자들의 VOD 매출은 해마다 급성장하고 있다.

IPTV를 스마트하게 변신시켜줄 스마트TV

IPTV는 TV 스크린 기반의 방송 유통 플랫폼으로 전파하는 게 아니라 인터넷 망을 기반으로 방송을 송출해 기존 TV보다 인터랙티브한 서비스 구현이 가능하다는 장점이 있다. 그런데 그런 IPTV의 강점을 스마트TV가 더 효과적으로 강력하게 제공하기 시작했다. 스마트TV는 IPTV보다 유연하고 확장성이 뛰어난 운영체제를 탑재함으로써 IPTV로 하기 어렵던 것들을 좀 더 빠르고 편리하게 제공하고 있다. 피쳐폰에서 스마트폰으로 변화한 것처럼 TV 역시 스마트TV로 혁신하고 있는 것이다. 6번, 7번, 11번 등의 번호로 된 채널을 통해서만 Live 방송에 접근하는 것이 아니라 검색과 추천, 소셜 큐레이션, 위젯, 알람 메시지 등의 다양한 방법을 이용해 TV 프로그램에 접근할 수 있다. 그런 스마트해진 TV 환경에서 만날 수 있는 것은 단지 공중파나 케이블방송국에서 송출하는 Live TV뿐만 아니라 이미 방송된(혹은 방송되지 않은) 콘텐츠들이다. 이들 콘텐츠를 원하는 시간에, 원하는 기기로 접근할 수 있도록 해줌으로써 수익 창출을 꾀할 수 있다. 즉, VOD 과금을 통한 유료화나 FOD(Free On Demand)를 통한 광고 BM을 구현하는 것이다.

또한, 스마트TV에서는 그저 방송만 보는 것이 아니라 탑재된 웹브라우저로 웹을 사용하기도 하고, 기존의 PC에서나 볼 수 있던 유투브와 SNS 등의 서비스까지도 사용 가능하다. IPTV로는 사업자가 제공하는 비디오 콘텐츠만 볼 수 있었던 데 비해서 스마트TV는 앱과 웹을 통해서 제3자가 제공하는 다양한 비디오와 인터넷 서비스를 체험할 수 있게 해준다.

　게다가 시청자들은 더 이상 TV에서만 방송을 시청하는 것이 아니라, 스마트폰과 태블릿, PC 등의 다양한 스크린에서 동일한 체험을 원한다. TV에 갇힌 콘텐츠가 아닌 TV를 넘어 다양한 스크린에서 시청 가능한 콘텐츠를 선호한다. 그래서 콘텐츠 제공자와 유통사업자들이 앱의 형태로 N스크린을 지원하는 서비스를 통해 시청자들과 만나려는 노력을 하는 것이다.

　그렇게 보면, 스마트TV가 그저 TV에만 갇힌 형태로 제공된다면 N스크린에 익숙해져가는 시청자들의 시청 체험과 반대방향으로 가게 될 것이다. 시청자들이 어떤 스크린에서든 동일한 체험을 기반으로 시청이 가능한 통합된 비디오 유통 플랫폼을 갖춰야 한다. 통신사 역시 이러한 시대 변화에 맞춰 TV만을 위한 IPTV가 아닌 TV를 넘는 방송 유통 플랫폼에 대해 도전하고 있다. KT는 올레TV나우를 통해서 IPTV를 넘어 N스크린을 지원하는 비디오 서비스에 공격적 행보를 보이고 있다. N스크린 기반의 동영상 시장에 대한 통신사, 방송사, 그리고 포털 사업자들(네이버 TV캐스트와 다음TV)의 한 판 대결이 기대된다.

● **TV 시청행태를 바꾼 소셜TV**

　TV 이외의 스크린에서의 시청률은 TV 시청률에 집계되지 않다 보니 본방 시청률은 구조적으로 과거에 비해 낮아질 수밖에 없다. 또한, VOD의 보편화로 인하여 본방 시청수가 줄어들면서 주목받은 콘텐츠의 다시 보기(VOD) 시청빈도는 더욱 높아지게 될 것이다. 이런 변화 속에서 세컨드 스크린에서의 광고가 TV에서의 광고와 다른 것에 대해 광고주와 어떻게 협의할 것인지, 그 광고는 어떻게 TV 광고와 차별화를 꾀해서 광고 효과를 극대화할 것인지가 방송사들의 주요 과제가 되고 있다. 이 과제의 답은 소셜TV에서 찾을 수 있다. 스마트폰의 등장 이후 TV 시청 행태의 커다란 변화는 TV 시청 중 스마트폰을 만지작거리며 방송과 관련된 내용을 검색하거나 페이스북, 카카오톡 등을 통해 수다를 떠는 것이다. 그러므로 TV 속이 아닌 TV 밖에서 새로운 광고와 비즈니스 모델을 만드는 것을 적극 찾아나서야 한다.

스마트TV가 가져올 방송시장의 변화

스마트폰이 자리 잡은 것은 2007년 출시된 애플의 아이폰이 계기가 되었지만, 아이폰 시작 전에 다양한 PDA와 HPC, 윈도우CE폰, 그리고 블랙베리와 노키아의 심비안폰이 있었다. 또한, 아이폰 이후에 안드로이드폰이 있었기에 스마트폰이 이처럼 대중화될 수 있었다. 전체적으로 스마트폰이 자리 잡은 것은 2008년부터 2011년 사이로 약 3년간이었지만 실제 이 모든 과정은 약 10년간 진행되어왔다. 어느 날 갑자기 스마트폰이 세상에 탄생한 것처럼 보이지만, 싹이 트기까지 많은 시간과 노력 그리고 경쟁이 있었다.

스마트TV 역시 마찬가지이다. 스마트TV 이전의 IPTV는 마치

PDA와 같다. 사실 IPTV나 스마트TV나 둘 다 인터넷, IP 기반으로 기존 TV에서 볼 수 없었던 콘텐츠를 볼 수 있다는 점에선 같다. 하지만 스마트TV는 IPTV와 달리 훨씬 개방적인 운영체제를 탑재하여 다양한 인터넷 콘텐츠와 서비스를 손쉽게 즐길 수 있으며, TV 플랫폼 사업자가 아닌 외부의 제3자가 제공하는 다양한 서비스를 체험할 수 있다는 것이 큰 차별점이다.

WWW의 등장과 함께 포털과 검색 서비스가 탄생하면서 언론사의 신문 시장에 커다란 변화가 생긴 것처럼 스마트TV의 등장은 방송 시장의 패러다임을 크게 변화시킬 것으로 예상된다. 향후 스마트TV가 방송의 헤게모니에 어떤 영향을 주게 될까?

PC · 폰 · 태블릿에 이은 제4의 인터넷 연결 디바이스, 스마트TV

1. 시청자의 영향력 확대

인터넷의 등장 이후 블로그, 뉴스의 댓글, 아고라 등을 통해 독자들이 콘텐츠에 반응하고 직접 기사를 생산할 수 있게 된 것처럼 스마트TV는 시청자들의 참여를 이끌어낼 것으로 기대된다. 이미 시청자들은 인터넷에서 TV 프로그램에 대해 끊임없이 반응하고 있다. 시청률이 높은 프로그램은 어김없이 포털의 실시간 검색어에 오르고, 페이스북과 트위터 같은 SNS에서는 주요 TV 프로그램에 대한 수다가 가득하다. 시청자들은 마이피플과 카카오톡과 같은 메신저를 이용해 멀리 떨어져 있지만 한 화면을 보는 지인들과 이야기를 나눈다. 스마트TV는 이 같은 시청자들의 참여와 반응을 더욱 이끌어낼 것으로 기대된다.

더 나아가 시청자들이 직접 방송 제작과 생산에도 참여할 것이다. 이미 스마트TV 이전에도 유스트림, 아프리카, 팟플레이어 등을 통해 시청자들이 직접 방송을 송출했다. 하지만 이러한 시청자들의 방송 생산이 TV까지 이어지진 못했다. 스마트TV의 등장으로 이 같은 시청자들의 방송이 우리가 보던 공중파나 케이블 방송과 어깨를 나란히 하면서 TV 채널의 하나로 자리 잡을 수 있을 것으로 기대된다.

2. 국경 없는 글로벌 TV 스토어

이미 애플의 ITV와 구글TV에서는 아이튠즈, 팟캐스트, 유투브 등을 통해 전 세계의 방송 콘텐츠를 볼 수 있다. 예전 전파 방식의 TV는 지역, 국경의 제한을 받았다. 미국에서는 한국의 MBC를 시청하기가 수월하지 않았고, 제주에서는 서울에서 송출되는 방송을 시청하지 못하고 지역방송국에서 재송출하는 방송을 시청해야만 했다. 하지만 인터넷은 국경을 넘나들며 전 세계를 동일 시청권으로 만들어준다.

스마트TV는 중간에 콘텐츠를 재송출해주는 유통권을 해체할 것이다. 지역방송에서 나아가 각 국가별 방송을 송출하는 방송사의 헤게모니 주도권을 약화시킬 것이다. 전 세계의 수천, 수만 개의 채널이 유통될 수 있는 거대한 무국경의 스마트TV 방송 유통 플랫폼을 탄생시킬 것이다.

3. TV 검색의 중요성 증대

수돗물을 틀면 언제든 냉수와 온수를 만날 수 있고, 가스레인지를 켜면 언제든 불을 만날 수 있는 것이 문명이 준 혜택이다. 그런데 우리는 아직도 TV에서 보고 싶은 방송을 보고 싶은 시간에 볼 수 없다. 어제 방송되었던 프로그램을 다시 보려면 IPTV 메뉴 곳곳을 뒤져야 하고, tving과 pooq 등의 앱을 이용해야 한다. 물론 이 같은 방송 프로그램은 일부 유료로 제공되고 있으며 메뉴와 구성이 각각 달라 여간 까다로운 것이 아니다.

스마트TV는 PVR(Personal Video Recorder)과 클라우드TV의 제공, 강력한 검색 기능 덕분에 좀 더 일관된 사용성으로 편하게 지난 방송을 찾아보고 시청할 수 있을 것으로 기대된다. 스마트TV 시대에 시청자는 보고 싶은 방송을 빠르게 원하는 시간에, 원하는 디바이스에서 시청할 수 있게 될 것이다.

4. 시청률에 영향을 주는 소셜TV

방송사는 본방 사수를 외칠 것이 아니라 On Air 방송을 시청해야만 하는 필연성을 제공하는 노력이 필요하다. 동시간대에 같은 장면을 보는 사용자들 간에 수다를 떨 수 있거나, 해당 장면과 연관된 부가 서비스를 이용할 수 있게 해 시청자들이 본방을 시청하도록 유혹해야 한다. 이 같은 니즈를 위한 소셜TV 앱에는 겟글루(GetGlue), 쏘티(SOTY), 지박스(Zeebox), TV Gift 등이 있다. 이러한 앱들은 On Air로 TV를 송출하면서 세컨드 스크린에서 시청 중인 방송과 연관된 정보와 서비스를 제공함으로써 불특정 다수가 동시에 한 화면을 보도록 만들고 이를 기반으로 광고의 영향력을 붙잡아두는 역할을 할 것이다. 반면 VOD는 사용자가 광고 등에 방해받지 않고 오롯이 콘텐츠에 집중할 수 있도록 해주되 사용자에게 과금하는 수익 모델로 자리 잡아갈 것이다. (일부 콘텐츠는 FOD로 공개되고 광고 수익 모델로 운영)

글로벌 라디오, 팟캐스트

'나는꼼수다'는 인터넷 라디오로 전 세계 어디에서나 청취 가능한 시사 프로그램이다. 나꼼수의 라디오 청취율은 기존 공중파 방송의 유명 프로그램과 비교해 손색이 없다. 나꼼수가 등장할 수 있었던 배경은 팟캐스트 덕분이다. 팟캐스트는 미디어 파일(오디오 또는 비디오)을 인터넷에 공개하여 운영되는 방송 서비스로, 시청자들은 이 채널을 구독하면 새롭게 업데이트된 내용을 듣고 볼 수 있다.

사실 이 같은 형식은 아이팟이나 아이폰과 같은 모바일 기기가 등장하기 전부터 있어왔다. PC에서 윈엠프(Winamp)와 같은 MP3 소프트웨어를 이용해 개인 라디오 방송을 청취할 수 있었다. 하지만 기존에 그리 주목받지 못하다가 갑자기 대중적으로 보급된 것은 아이폰의 아이튠즈에서 제공된 팟캐스트 덕분이다. 전 세계를 대상으로 잘 정돈된 팟캐스트 목록을 보여주는 서비스가 제공되면서 팟캐스트는 방송 시장을 위협하는 존재로 자리매김하게 되었다. 그렇다 보니 기존 라디오 방송까지도 팟캐스트에 속속 등장하고 있으며, 개인뿐 아니라 많은 콘텐츠 제공업체들이 오디오와 비디오로 구성된 팟캐스트를 서비스하고 있다. 방송국만 제공할 수 있었던 라디오를 누구나 만들 수 있게 된 것은 이 많은 팟캐스트를 유통할 수 있는 제대로 된 유통망의 등장 덕분이다.

방송과 팟캐스트의 가장 큰 차이점은 실시간성이다. 방송은 실시간으로 송출되지만 팟캐스트는 녹화하고 녹음된 영상과 음성을 원하는 시간에 시청할 수 있다. 그런데 실시간으로 방송을 제공할 수 있는 것이 비단 방송국만은 아니다. 인터넷 기술의 진화로 인하여 개인이 직접 실시간 방송을 운영할 수 있다. 라디오 알람이라는 아이폰, 아이패드, 맥용 앱은 전 세계의 수많은 방송 채널을 청취할 수 있도록 해준다. 이 서비스를 이용하면 국내의 공중파 라디오 방송은 물론 전 세계의 방송을 청취할 수 있다. 또한, 개인이 직접 운영하는 크고 작은 다양한 방송 채널 역시 청취가 가능하다.

라디오 알람이 오디오를 기준으로 한다면 유스트림은 비디오를 기준으로 한다. 유스트림을 이용하면 캠코더, 스마트폰, 노트북을 이용해서 비디오 방송국을 운영할 수 있다. 유스트림 이전부터 국내에는 아프리카라는 서비스가 이러한 개인 방송 서비스를 운영할 수 있도록 해주고 있다. 이들 서비스를 이용하면 전 세계를 대상으로 비디오 방송국을 운영할 수 있다.

앞서 살펴본 사례처럼 팟캐스트와 개인 오디오 · 비디오 방송 서비스 덕분에 방송 시장은 커다란 변화에 직면해 있다. 포털의 검색과 뉴스, 블로그 등의 등장으로 인하여 언론 산업이 큰 변화에 직면했던 것처럼 방송 시장 또한 패러다임의 변화를 앞두고 있다.

다양한 채널들이 국경을 초월해 전 세계를 대상으로 서비스가 가능

글로벌 방송국, 팟캐스트

하게 되면서 방송 시장은 무한 경쟁에 접어들게 되었다. 또한, 이 많은 채널들을 시청자들에게 전달하는 유통망을 장악하는 기업이 헤게모니의 주도권을 쥐게 될 가능성이 높아지고 있다. 애플의 아이튠즈, 삼성전자의 스마트TV 스토어, 구글의 유투브, 유스트림 등이 바로 그러한 유통망을 장악하는 서비스들이다.

● **세계 최고의 방송국은 유투브, 채널은 페이스북**

싸이의 '강남 스타일'이 유례없이 전 세계의 주목을 받은 이유는 3가지 덕분이다. 가장 먼저 세계인의 공감을 받기에 충분할 만큼 콘텐츠가 훌륭했다. 하지만 이것만으로는 부족하다. '강남 스타일' 뮤직 비디오가 전 세계인을 만날 수 있었던 것은 유투브의 존재 덕분이다. 전 세계의 스크린에 특정한 영상을 시간, 장소, 단말기의 구애를 받지 않고 도달 가능하게 하는 비디오 플랫폼을 제공하는 것은 그 어떤 방송사도 하지 못한 것이다. 이미 유투브는 전 세계를 아우르는 국경 없는 글로벌 방송국이다. 세 번째로는 이런 유투브에 등록된 영상이 트위터와 페이스북을 통해서 좀 더 많은 사람들이 볼 수 있도록 유통되었기 때문이다. MBC 〈무한도전〉이 인기 프로그램이 된 것은 시청자들이 감동을 주변 사람들과 공유하면서 무도팬이 늘었기 때문이다. 11번이라는 채널을 통해서 매주 토요일 7시에 한다는 것을 인지하고 그 시간에 그 채널을 틀면 〈무한도전〉을 볼 수 있다는 약속 때문이다. 유투브에 등록된 '강남 스타일' 영상을 사람들이 어떻게 알고 볼까? 검색보다 SNS에서 언급된 수많은 사람들의 링크를 통해 해당 영상을 찾아갈 수 있었기 때문에 이렇게 주목받은 것이다.

양질의 콘텐츠, 전 세계를 아우르는 동영상 플랫폼, 그리고 이러한 정보를 유통하는 SNS, 이 3가지가 '강남 스타일'의 글로벌화를 만들었다. 미래의 방송에서 중요한 것은 이 3가지이다. 방송사들이 앞으로 해야 할 것은 양질의 콘텐츠를 제작하는 것 외에 좀 더 많은 스크린을 지원하는 디지털 동영상 플랫폼을 구축하는 것과 동시에 이 많은 콘텐츠를 효과적으로 유통할 수 있는 유통 채널을 확보하는 것이다.

앱과 웹, 그리고 위젯의 끝없는 혁신

2012년 말 MS의 CEO인 스티브 발머(Steve Ballmer)는 주주들에게 보내는 메일에서 "We are a devices and services company"라고 밝혔다. MS는 소프트웨어 회사이지만 디바이스와 서비스가 중요한 것임을 알고 Post PC 시대를 맞이해 자사가 개발한 서피스(태블릿)와 서비스에 주력하겠음을 선포한 것이다. 또한, 텍사스에서 열린 SXSW(사우스바이사우스웨스트) 2013에서 구글은 아디다스와 제휴해서 개발 중인 구글 신발을 발표했다. 신발에 블루투스와 다양한 센서가 내장되어 일상을 기록하고, 스마트폰과 연계되어 새로운 경험을 제공받을 수 있게 하려는 것이다. ICT 기술이 워낙 빠르게 변화하다 보니 기존의 고정관념에만 사로잡혀 있으면 혁신할 수 없고 도태된다. 그런 이유로 기업의 CEO는 비바람과 폭풍이 있는 바다를 향해 뱃머리를 돌릴 수밖에 없다. ICT는 이미 스마트폰의 등장과 함께 웹을 넘어 앱을 향해 가고 있으며, 국경을 넘나드는 글로벌 산업의 공동체가 형성되고 있다. 새로운 시대에 기민하게 대응하지 않으면 우리가 속한 기업의 내일은 불투명해진다. 또한, 사회 규범과 법은 기술의 변화에 맞게 빠르게 보완되어서 기술의 발목을 잡지 않아야 한다.

웹의 진화와 앱의 확장

2007년부터 아이폰을 사용하면서 앱스토어에 진열된 수많은 앱들을 어림잡아 수천 개는 설치하고 사용하는 것을 반복해왔다. 그리고 많은 사람에게 애용될 수 있는 앱을 기획하고 개발하는 생산자로서의 경험도 했다. 그 과정 속에서 스마트폰의 앱은 게임을 제외하고는 지극히 제한적이고 한계가 있을 것이라 생각했다. 즉, 앱보다는 웹이 스마트폰의 미래라는 생각을 강하게 했다. 스마트폰 시장 초기에는 앱이 반짝 주목받고 애용되겠지만, 시간이 흐르면서 앱은 줄어들고 웹이 더 지배적인 스마트폰의 서비스 제공 형태가 될 것이라 믿었다.

그렇게 믿은 가장 큰 이유는 생산자(개발자) 관점에서 볼 때 웹보다 앱이 투자수익률(ROI)이 낮기 때문이다. 웹보다 앱은 개발과 운영에 들어가는 비용이 상당하다. 그렇게 상당한 투자를 해서 개발한 앱이 사용자들에게 선택되어 지속적으로 주목받는 것은 어렵다. 시장 진입기에는 너도나도 성공을 꿈꾸고 앱 개발에 나서겠지만, 결국 주목받는 앱은 몇 개로 수렴될 것이고 이로 인해 앱 개발에 도전하는 기업들의 수는 줄어들 것이라 생각했다. 반면 웹은 앱보다 개발·유지비용이 적을 뿐 아니라 하이퍼링크와 검색 등으로 인해 상호 연동이 자유로워 굳이 사용자가 스마트폰에 설치하지 않아도 사용자의 폰에 접속될 기회가 지속적으로 발생한다. 그래서 앱보다 웹이 지속 성장할 것이라 믿었다.

그런 생각에 변화가 생긴 것은 앱들이 끝도 없이 추가되는 현상을 보고 있기 때문이다. 앱스토어, 구글 플레이 등엔 각각 약 100만 개에 육박하는 앱들이 제공되고 있다. 게다가 스마트폰 앱 사용 시간이 모바일 웹은 물론 데스크탑 웹 사용 시간을 합한 시간보다 더 많아지고 있다. 시장의 현실이 이런데 계속 앱보다 웹이라는 말을 주장하기 어렵게 되었다.

하지만 곰곰이 앱으로 사용하는 서비스들이 무엇인지 살펴보면 지도 서비스, 소셜 서비스, 정보형 서비스, 커뮤니케이션 서비스들이다. 이 가운데 지도 서비스와 소셜 서비스, 정보형 서비스 등은 웹을 근간으로 하고 있다. 페이스북, 트위터는 비록 앱으로 연결하는 사용량이 늘어가고 있지만 근본은 웹이다. 트위터에 등록된 트윗에 포함된 URL을 클릭하면 결국 내장 브라우저를 통해 웹을 보게 된다. 엄밀히 말하면 트위터 앱을 이용해 사용하는 그 서비스 역시 근간은 웹이다. 다만 브라우저를 이용하지 않는다 뿐이지 결국은 웹에서 제공되는 데이터를 앱으로 보는 것일 뿐이다.

진정한 앱은 웹 없이 순수 앱으로만 구현되는 것이다. 게임 혹은 인스타그램, 패스, 서울버스, 카카오톡 등이 완전 앱이라 볼 수 있다. 그러므로 마켓에 속속 등록되고 웹보다 사용량이 늘고 있다고 평가받는 앱의 진정한 사실을 들여다보려면, 웹 없이 순수 앱만으로 된 현황인지를 파악할 필요가 있다. 아마도 순수 앱만을 기준으로 다시 정리해 보면 웹과 앱의 비중은 4:6이 아니라 6:4가 될 수 있다.

웹에 공개된 페이지들은 하이퍼링크로 촘촘하게 연결되어 있다. 이러한 구조 덕분에 꼬리에 꼬리를 물며 각각의 페이지들이 상호 유기적으로 연계되어 커다란 생태계를 구축할 수 있게 된다. 반면 스마트폰의 앱은 서로 간에 데이터를 연결하거나 참조하는 것이 원천적으로 불가능하다. 다만, 상호간에 API 연계를 통해서 특정 앱 내 데이터를 다른 앱으로 전달하는 정도가 가능할 뿐이다.

하지만 점차 앱 역시 API를 이용해 데이터를 주고받는 등의 상호 연동이 강화되고 있다. 플립보드는 순수 앱으로만 존재하지만 다른 앱(예를 들어, 인스타그램 등)과 연결해서 사용이 가능하다. 앱과 앱이 서로 상호 작용하면서 앱으로만 된 생태계를 구축하고 있다. 카카오톡이 앱으로만 존재하면서 다양한 외부 앱들과 상호 작용하는 것도 이런 앱 간의 생태계 덕분이다. 앱은 웹에 종속되지 않고 앱만으로 독자 생존과 성장이 가능할 수 있을 것으로 예상된다.

이제 이 같은 앱들에서 연결할 수 없는 서비스는 더 이상 주목받기 어렵게 되었다. 웹에서 검색되지 않으면 주목받을 수 없는 것처럼 이제 외부의 앱들이 접근할 수 있도록 적극적으로 서버와 API를 개방하지 않으면 주목받을 수 없게 되는 것이다. 또한 웹 기반의 서비스를 제공하지 않는 앱 기반의 서비스조차도 다른 앱에 다양한 데이터를 개방함으로써 연결에 적극 나서고 있다. 기존의 웹이 모든 것을 담으려고만 했다면 앱에서는 모든 것을 주는 방식으로 지형 변화가 일고 있다.

새로운 플랫폼의 시대에는 게임의 법칙도 달라지는 법이다. 그러면 웹의 시대가 끝나는 것인가? 그렇진 않다. 20년간 진화되어온 웹은 또 새 게임의 법칙에 맞춰 도약할 것이다. 모바일 플랫폼과 앱 시대에 주목받는 페이스북, 트위터, 구글 모두 웹에 기반을 두고 있는 서비스들이다. 심지어는 애플 앱스토어, 구글 플레이는 초기 앱으로만 접근 가능했지만 나중에 웹까지 지원하게 되었다. 또한, 점차 많은 앱들이 하이브리드 앱(웹 앱)을 지원하면서 웹의 영향력은 끝난 것이 아니라 다시 주목받고 있다.

혁신의 시대에 그 변화를 거부하면 정체되어 퇴색되기 마련이다. 새 시대에 맞춰 끊임없이 진화해야 한다. 앱과 모바일이라는 새로운 시대를 맞아 웹도 변화를 적극 수용하고 있다. 그렇지 않으면 PC통신처럼, 싸이월드처럼, 네이트온처럼, 마이스페이스닷컴처럼, SMS처럼, 플래시처럼 역사의 뒤안길로 사라져갈 것을 알기 때문이다.

웹과 앱의 사이, 위젯

안드로이드를 좋아하는 여러 이유 중 하나는 아이폰에서는 사용할 수 없는 위젯을 이용해 나만의 화면을 구성할 수 있다는 점이다. 단순히 앱 개발사에서 제공하는 앱 아이콘을 홈 화면에 배치하는 아이폰과 달리 안드로이드는 다양한 위젯을 이용해 개성 있는 홈 화면을 구성할 수 있다. 게다가 이 위젯은 굳이 실행하지 않아도 위젯 자체적으로 정보나 서비스를 제공하기 때문에 실행해야만 정보를 볼 수 있는 앱과 달리 홈 화면만 봐도 다양한 정보를 확인하고 서비스를 체험할 수 있다.

사실 스마트폰 홈 화면에 배치된 아이콘들을 누르면 나타나는 것이 앱이냐 웹이냐는 사용자에게 전혀 중요하지 않다. 아니, 그것이 웹인지 앱인지조차 인지하지 못하는 경우가 일반적이다. 사용자에게는 그저 원하는 정보와 서비스가 어떻게든 빠르고 편리하게 제공만 되면 그것으로 족하다.

그러한 이유로 위젯에는 앱과 웹에는 없는 강점이 있다. 위젯은 웹과 달리 사용자에게 능동적으로 정보와 서비스를 전달할 수 있으며(실행하지 않아도 변화된 내용을 사용자에게 전달 가능함), 앱과 달리 개발과 유지에 들어가는 비용이 크지 않다(웹처럼 유연하고 확장성이 뛰어남).

사실 이미 웹에서는 위젯의 시도가 웹2.0 이후 꾸준하게 전개되어 왔다. 블로그와 카페, 미니홈피 등에 플러그인 형태로 위젯을 설치함으로써 다양한 정보와 서비스를 제공하는 하나의 형태로 활용되었다. 다음에서는 위젯뱅크라는 플랫폼을 이용해 다양한 위젯을 다음의 카페와 블로그, 티스토리에서 사용하도록 제공했다. 또한, 위젯을 전문적으로 개발하고 이를 활용한 다양한 광고, 커머스의 비즈니스 모델이 등장하기도 했다. 그럼에도 위젯은 제한적 사용과 작은 화면으로 인한 불편함 때문에 널리 이용되지 못했다.

하지만 스마트폰의 보급과 함께 위젯의 가능성과 기회가 커지고 있다. 19인치의 커다란 모니터에서 한계였던 크기가, 작은 4인치의 스마트폰에서는 오히려 안성맞춤이다. 또한, 위젯은 웹을 근간으로 하고 있어 웹을 사용할 수 있는 다양한 디바이스에 호환된다. 그렇다 보니 PC 기반의 웹 브라우저는 물론 스마트폰(안드로이드), 그리고 스마트TV 등의 다양한 플랫폼에서 확장되어 사용할 수 있다.

특히 크롬, 모질라, 파이어폭스 등의 브라우저들이 웹OS를 표방하고, 인텔과 삼성이 차세대 모바일OS로 구상 중인 타이젠 등이 HTML5 기반의 모바일 웹에 대한 지원을 강화하고 있어 이 같은 위젯의 기회는 더욱 커질 것으로 기대된다.

아이폰이 앱 시장을 만들고, 안드로이드가 모바일 웹을 강화하고 있는 와중에 위젯은 이 둘의 간극을 메우고 다양한 플랫폼 간의 파편화를 극복하는 유연한 서비스 표현의 한 형태로 자리 잡아갈 것으로 예상된다.

그래서 이 같은 위젯을 조금 더 쉽고 범용적으로 배포하고 선택할 수 있는 위젯 스토어에 대한 관심도 커질 것으로 전망된다. 현재 위젯의 배포처는 안드로이드 앱을 유통하는 구글 플레이와 안드로이드폰 자체에 제공되는 위젯 설치툴, 그리고 안드로이드 런처인 GO 런처를 통해 구현되는 위젯 스토어 정도이다. 앱과 웹 이외에 위젯이 향후 모바일을 넘어 PC, TV, 태블릿을 넘나드는 개발 플랫폼으로 성장한다면 이 위젯을 배포하고 유통하는 스토어에 대한 관심도 커질 것이다. 물론 위젯을 개발하는 개발사와 위젯 기반의 비즈니스 모델에 대한 관심도 커져갈 것이다. 구글과 애플이 지배하고 있는 앱 장터의 영향력에서 벗어난 새로운 서비스 장터로서의 위젯 스토어는 제조사나 통신사가 꿈꿀 수 있는 기회의 땅이다.

사파리와 크롬의 지배력

웹의 영향력이 지속될 것이라는 점에서 구글과 애플이 웹 브라우저에 지속적으로 투자를 아끼지 않는 것은 선견지명이 있다. 브라우저를 기반으로 보여주는 N스크린 전략은 오래 전부터 장기적 안목으로 웹 플랫폼 저변을 이루는 브라우저의 가치와 가능성을 인지한 결과이다. 구글은 이미 크롬 브라우저를 통해 이 같은 전략을 추진해왔다. 크롬을 PC, 맥, 안드로이드폰, 아이폰, 아이패드, 태블릿 어디에든 설치하면 같은 즐겨찾기를 이용할 수 있다. 또한, 다른 장치에서 열려 있는 웹 페이지 내역을 확인하는 것도 가능하다.

물론 사파리 역시 최근에 아이클라우드를 이용해서 즐겨찾기 동기화와 다른 장치에서 열려 있는 웹 페이지 내역 확인이 가능해졌다. 그러나 크롬의 경우 단순히 즐겨찾기나 열려 있는 페이지 외에, 확장 프로그램과 크롬의 환경설정 내역, 로그인할 때 사용된 아이디와 암호 등 크롬을 이용해 사용한 각종 사용 내역에 대한 정보를 동기화해준다. 구글은 안드로이드가 설치된 디바이스가 아닌 iOS나 윈도우OS 등 구글이 통제하지 못하는 플랫폼마저 아우를 수 있는 트로이의 목마, 즉 크롬을 만든 것이다. 크롬은 단순히 웹 페이지를 보여주는 브라우저를 넘어 다양한 확장 프로그램과 앱을 담을 수 있는 운영체제로 거듭나고 있다. PC, 스마트폰, 태블릿, TV 등에 설치되는 운영체제와 달리 크롬은 모든 디바이스를 넘어선 WWW에 설치된 운영체제로 자리매김하고 있다.

애플은 사파리와 아이클라우드를 애플의 기기에 종속적으로 만들어 애플 이외의 플랫폼으로 확장하지 않기에 PC는 맥OS, Post PC는 iOS로 이원화된 OS 전략을 추구하지만, 구글은 Post PC(더 나아가 다양한 소형 컴퓨팅 기기, IoT)는 안드로이드, PC는 크롬OS, 비 안드로이드 계열은 크롬 브라우저로 전천후 전략을 추구하고 있다.

스마트폰 사용량이 늘어가며 앱이 세상을 지배하고, PC와 동반 성장한 웹은 추락하는 것처럼 보이지만 여전히 웹은 지지 않는 태양이다. 물이 불을 대체하지 못하고, 불이 물을 대체하지 못하듯 앱과 웹은 서로 다른 가치를 가지며 지속 성장해갈 것이다. 그런 면에서 사파리와 크롬으로 여

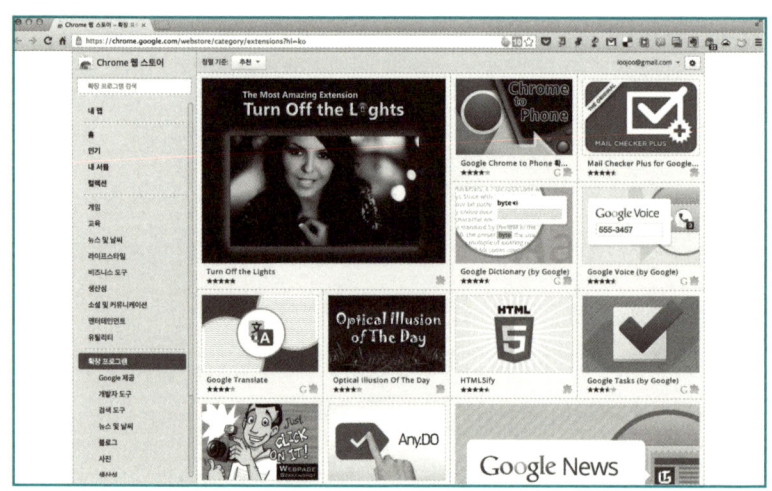

OS가 된 크롬 브라우저

전히 웹에 대한 헤게모니 주도권을 잃지 않으려는 애플과 구글의 전략은 ICT 플랫폼 전반에 대한 그들의 통찰력과 장기적인 안목이 대단함을 말해준다.

혁신의 발목을 잡는 로컬 규제

글로벌 인터넷 서비스 기업인 구글이 검색 시장 점유율 1위가 아닌 나라는 전 세계에 다섯 곳이다. 중국, 러시아, 일본, 베트남, 그리고 한국이다. 이중 한국은 검색 시장 점유율이 한 자리 숫자도 안 되는 유일한 곳인데다가 그 숫자가 3%도 되지 않는다. 전 세계의 많은 인터넷 서비스 기업이 한국 시장을 두드렸지만 한국의 인터넷 서비스는 철옹성처럼 굳건하다. 포털(다음, 네이버), 게임(넥슨, 네오위즈), 전자상거래(인터파크, 11번가), 그리고 한국만의 서비스인 카페, 세이클럽, 싸이월드, 네이트온 등은 탄탄하게 한국 시장에 뿌리를 내렸다.

하지만 스마트폰 시대를 맞이하며 신토불이의 서비스가 갖는 경쟁력이 와해되고 있다. 이미 페이스북 사용자는 국내에서 1,000만 명을 육박하고 있으며 트위터도 500만 명 이상이 사용하고 있다. 구글의 모바일 검색도 10% 이상의 시장 점유율을 가지고 있으며, 구글 지도, 유투브 등도 한국 시장에서 존재감을 드러내고 있다. 지메일의 사용량도 크게 늘고 있다. 한국 사용자들이 해외의 인터넷 서비스에 관심을 보이게 된 것은 스마트폰에서는 손쉽게 국내외의 서비스들을 만나

볼 수 있기 때문이다. 앱스토어, 구글 플레이에서 가장 많이 다운받은 앱 순위가 수시로 바뀌므로 새로운 앱을 만나고 설치하는 것이 자유롭다. 또한, 항상 들고 다니며 사용하는 스마트폰이다 보니 주변 지인들과 만나면서 새로운 앱을 소개받는 경우도 많다. 게다가 해외의 앱들도 한국어를 지원하는 경우가 많아지고 있으며, 넓은 화면의 웹과는 달리 작은 화면의 앱은 긴 텍스트보다는 짧은 텍스트와 이미지, 동영상 등의 멀티미디어 콘텐츠를 기반으로 하고 있어 언어의 장벽마저도 낮아지고 있다.

상황이 이렇다 보니 해외 서비스들도 국내 사용자들에게 친숙하다. 반대로 국내의 서비스들도 해외에 쉽게 진출할 수 있다. 서비스만 훌륭하다면 해외 사용자들도 국내의 모바일 서비스를 인지하고 열심히 사용한다. 그런 이유로 카카오톡, 라인 그리고 국내의 참신한 아이디어를 기반으로 한 앱들이 해외 시장에서 호평을 받고 있다.

이처럼 국경의 제한 없이 전 세계인을 대상으로 한 서비스들이 보편화되면서 국가의 ICT 규제로 서비스를 통제하는 게 불가능해졌다. 중국처럼 사회주의 국가로서 강력하게 규제를 하는 곳이 아닌 이상, 국가의 인터넷 규제로 서비스를 통제하기가 쉽지 않다. 만일 인터넷 규제가 가해지게 되면 오히려 자국 인터넷 서비스들이 역차별을 받는 일이 발생해 ICT 경쟁력이 떨어지는 것은 물론 규제를 통해 얻고자 하는 실리도 얻지 못하게 된다. 자국의 규제 범위 밖에서 사업을 하는 해외 인터넷 서비스를 대상으로 법의 잣대를 적용하기가 불가능하기 때문이다.

본인확인제, 게임물 사전심의제도, 위치정보법, 공인인증서 의무사용법, 전자지급결제업 관련 규제, 그리고 향후 방통위 등에서 구상할 수 있는 클라우드와 빅데이터 관련 규제법 등은 국내 ICT 기업의 글로벌 사업 경쟁력을 약화시킬 수 있는 문제가 있다. 더 나아가 국내 소비자들이 이러한 규제로 인하여 해외 사용자들과 비교해 불편하거나 반쪽짜리인 서비스를 사용해야 하는 역차별을 불러일으킬 수 있다.

디지털 시대의 본격 개막과 함께 현실계를 나누는 국경은 가상계에서는 퇴색되어가고 있다. 가상계에 만들어진 SNS 시민증은 국경을 가리지 않는다. 가상계에 저장한 데이터들은 전 세계 국경을 가리지 않고 가상의 서버에 저장된다. 이곳에 저장된 데이터들은 현실계가 만든 국가별 규범이나 법으로 단속하고 검열할 수 없다. 새로운 시대에 맞게 새로운 규범을 만들어야 할 때이지, 과거의 규범을 기준으로 규격화하려 해서는 안 된다.

혁신의 발목을 잡는 통신 규제

스마트폰 보급과 함께 사용자들의 모바일 사용 시간이 늘어나면 자연스럽게 네트워크 트래픽도 늘어나기 마련이다. 네트워크 사용량이 많아지면 사용한 데이터 용량만큼(마치 전기·가스 사용료처럼) 비용을 지불하는 데이터 정량제가 아닌 무제한 정액제 요금제를 사용하기 때문에 트래픽 폭탄이 통신사들에게 반가울 리 없다. 게다가 데이터 외의 중요한 수익모델인 SMS와 전화통화 매출에 영향을 주는 모바일 서비스들(인터넷 전화, 메신저 등)은 더욱 더 미운 오리새끼이다.

그런데, 모바일 시장이 진입기를 넘어 성장기에 접어들면서 비디오 콘텐츠의 소비가 활발해지고 있다. 작은 스마트폰 화면으로는 글자보다 영상이나 이미지의 소비가 더 적합하고 가독성이 뛰어나기 때문이다. 이미 모바일의 활성화와 함께 유투브와 유스트림이 킬러앱으로 자리 잡고 있으며 국내에서도 pooq, tving 등의 TV 앱들이 본격적인 성장을 하고 있다. 이 같은 동영상 앱들은 분당 약 4~7MB를 사용하기 때문에, 약 1MB 남짓 사용하는 인터넷 전화보다 더 많은 트래픽을 발생시킨다. 그간 망 안정화와 합리적 트래픽 관리라는 기준으로 SMS를 대체하는 카카오톡, 통화 수익에 영향을 주는 마이피플에 대한 적절한 조치의 당위성을 주장하던 통신사들이 이들 앱이 반가울리 없다. 더 나아가 스마트TV 보급이 늘어나면 초고속 인터넷 트래픽이 늘어날 뿐 아니라 통신사가 직접 사업을 하고 있는 IPTV 사업에 영향을 주게 된다. 이 또한 통신사들 입장에서는 모바일에서의 VoIP처럼 자사 사업을 위해 차단해야 할 대상이 될 수 있다. 그렇지만 한국의 대표 미디어이자 오랜 역사와 규모를 가진 MBC, SBS와 CJ그룹인데다, 통신사의 직접적인 BM에 영향을 주는 것은 아니기에 같은 원칙을 제시하지는 못할 것이다. 하지만 이 같은 서비스들이 늘어나고 사용량이 많아진다면 고민의 깊이는 깊어만 갈 것이다.

아무튼 통신사 입장에서는 안정적인 네트워크 운영을 위해서는 그만한 투자가 이루어져야 하니 수익의 보전을 위해 요금제를 손보거나, 수익에 위협되는 서비스들을 배척하게 될 것이다. 하지만 이 같은 자사 이익을 위해 네트워크에 대한 통제가 심해지면 모바일 생태계의 성장과 진화가 절뚝거릴 수밖에 없다. 그렇다 보니 그 균형점을 찾기 위해 망중립성, 통신망 관리 등에 대한 논의가 진행되고 있다. 가장 손쉬운 해결책 중 하나는 쓴 만큼 내도록 하는 종량제이며, 이미 4G LTE는 그러한 원칙 하에 요금제를 3G와 다르게 운영하고 있다. 콘텐츠는 공짜가 아니고, 비디오는 종량제로 인해 볼수록 더 많은 통신비를 지불해야 한다면, 1990년대의 PC통신처럼 정보이용료와 데이터 요금을 부담하는 세상이 도래하게 된다. 그것은 스마트폰 이전 시대의 방식이며 이는 오히려 서비스 활성화를 후퇴하게 할 것이다. 결국 서비스를 활성화하면서 부가가치는 기존보다 더 창출해내야 하는 와중에 통신사와 서비스 업체 그리고 콘텐츠 제공사들은 각자의 원칙을 가지고 눈치 싸움을 하고 있다. 이러한 눈치 싸움에 있어 가장 중요한 것은 너무 큰 욕심으로 황금알을 낳을 수 있는 거위의 배를 가르는 우를 범해서는 안 된다는 점이다.

사실 기술의 빠른 발전으로 인하여 기존의 상식과 규범, 원칙, 그리고 게임의 법칙과 비즈니스 모델이 철저히 와해되고 있다. 그 와중에 망 사업자와 그 망에서 다양한 부가가치를 창출하는 서비스 기업 간에 충돌이 발생하고 있다. 문제는 이러한 와해성 혁신을 규제와 관리를 통해서 통제하면, 통제할 수 없는 더 큰 변화에 속수무책이 된다는 것이다. 한국 내에서 규제 가능한 망 운영 관리 지침은 국경 없는 모바일 생태계에는 통용될 수 없다. 근시안적인 관리 지침이 서비스 경쟁력과 모바일 플랫폼 발전에 저해를 가져올 수 있다.

괴물이 될 수 있는 ICT 플랫폼

전 세계를 아우르는 거대한 서비스 플랫폼이 구축되고 스마트폰과 태블릿 등의 기기를 통해서 개인의 데이터가 클라우드에 쌓여가면서 적지 않은 폐단과 우려가 발생하고 있다. 새로운 기술이 주는 가벼움과 빠름이 오히려 독이 되기도 하고, 클라우드에 쌓여가는 우리의 일상이 자칫 범죄에 악용될 수 있기 때문이다. 2000년대 초기 검색의 편리함 뒤에 우리 사생활을 낱낱이 검색 당하는 불편함을 가져온 것처럼 기술의 진화 뒤에는 그림자가 있다. 물론 빛이 주는 편리함이 그림자가 주는 불편함보다 크기에 불편함은 우리가 극복하고 해결해야 할 과제이다. 불이 주는 무서움 때문에 불이 주는 편리함을 버릴 수 없는 것과 같다.

SNS의 폐단과 과제

SNS에는 우리의 일상을 넘어선 인생이 기록되어진다. 대표적으로 페이스북에는 우리의 오프라인에서의 삶이 사진이나 영상과 함께 차곡차곡 쌓인다. 심지어 우리가 누구를 사귀고 있으며, 어떤 학교를 졸업했고, 어떤 앱을 설치했고, 어떤 게임을 좋아하며, 어떤 음악을 듣고, 어떤 영화를 보았는지가 고스란히 저장된다. 이렇게 저장된 정보는 친구들과 공유된다. 그런데 이 모든 정보가 범죄에 악용된다면 그 피해는 생각보다 끔찍하다. 기존 온라인 서비스에 기록했던 것보다 SNS에 축적되어지는 정보가 더 방대하고 자세하다. 이들 개인정보는 신상 털기, 사생활 유출에 악용될 수 있다. 또한, 이러한 사용자들의 모든 데이터를 저장한 기업이 이를 상업적인 목적으로 통제 없이 악용한다면 세상은 어떻게 될까? 만일 정부 혹은 절대 권력자가 함부로 이 데이터에 접근 가능하다면, 우리는 언제 어디서나 통제받고 감시받을 것이다. 빅브라더가 우리의 일거수일투족을 감시할 수 있다.

또한, 발 없는 말이 천리를 가는 것처럼 SNS에 게재된 글은 순식간에 전 세계로 퍼져나간다. 만일 그 글이 검증된 진실이고 사실이라면 상관없지만 만일 악성루머이거나 잘못된 정보라면 어떻게 될까? 기존 매스미디어나 온라인 미디어는 전파 속도에 제한이 있고, 유통을 하는 곳이 정해져 있기에 잘못된 내용을 정정하고 전파를 차단할 수 있는 시스템이었다. 하지만 참여자 모두 유통처 역할을 하는 SNS에서는 사람들의 입에서 입을 거쳐 퍼져나가는 정보를 중간에 효율적으로 차단하고 제어하기란 불가능에 가깝다. 잘못된 정보로 인해서 누군가 피해를 본다면 그것을 나중에 수습하기란 쉽지 않다. 엎질러진 물을 주워 담기 어려운 것처럼 한 번 퍼져나간 잘못된 정보를 중간에 회수하거나 정정하기란 쉬운 일이 아니다.

이러한 SNS의 폐단을 막는 최선의 방법은, SNS 사용자들의 집단지성과 자정능력이다. 잘못된 정보가 빠르게 전파되는 것은 결국 사용자들이 무분별하게 정보에 대한 진실을 확인하지 않고 피해 유발 여부를 판단하지 않고 습관적으로 유통하기 때문이다. 사용자들이 SNS의 올바른 사용에 대해 인지하고 학습한다면 잘못된 정보의 유통을 최소화할 수 있다. 또한, 잘못된 정보가 빠르게 전파되는 것처럼 이를 바로 잡는 것 또한 사용자들의 참여에 의해 빠르게 정정할 수 있

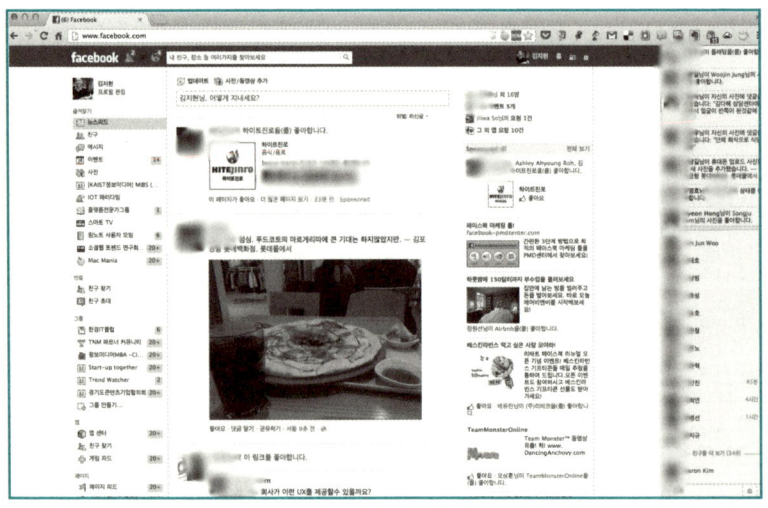

개인의 모든 일상과 인생이 기록되는 페이스북

다. 이 같은 사용자들의 노력이 SNS의 폐단을 최소화할 수 있는 방법이다.

하지만 이 같은 방법은 시간이 걸리고 성선설을 믿어야만 하는 해결책이다. 최선이 아닌 대안은 SNS의 폐단을 막을 수 있는 적절한 규제와 제약이다. 사회의 자정능력을 믿을 수 없기에 법이 필요한 것처럼 SNS가 주는 장점 뒤에 숨은 위험성을 견제할 수 있는 필요악인 규제가 필요하다. 물론 그 규제가 SNS의 자율성을 해치지 않을 수준으로 균형감을 가져야 함은 물론이다. 이를 위해 활발한 토론과 합의가 이루어져야 한다. 메일의 편리성 뒤에 스팸으로 인한 폐단이 있고, 이를 막기 위한 각종 제도적 뒷받침(스팸신고제 운영과 스팸 발송자에 대한 법적 규제 등)이 필요한 것과 같은 이치이다.

● **미디어 시장을 강타한 SNS**

대표적인 SNS인 페이스북에서 사용자들이 가장 많이 사용하는 서비스는 지인들과 정보를 공유하는 것이다. 즉, 인터넷에서 본 특정 페이지의 하이퍼링크를 게재하고 이와 관련된 이야기를 나누는 기능으로 SNS를 애용하고 있다. 뉴스 유통 경로가 포털에 방문해 뉴스를 보던 방식에서 SNS에서 지인들이 추천한 뉴스를 보는 방식으로 변화하고 있는 것이다. 무슨 콘텐츠를 보느냐보다 어디서 보느냐가 더 중요하다. 콘텐츠의 생산보다 유통이 더 큰 헤게모니의 주도권을 가지기 때문이다. 이미 뉴스는 물론 수많은 인터넷 페이지와 방송 콘텐츠들이 언론사, 방송사, 포털의 홈페이지가 아닌 유튜브, 트위터, 페이스북과 같은 서비스를 통해서 유

여론의 경로가 바뀌다

통되고 있다. 또한, 독자들이 콘텐츠를 어떻게 보는지가 SNS에 고스란히 기록되고 있다. 누가 무슨 콘텐츠를 추천했고, 그 콘텐츠가 누구에게 전달되어 어떻게 소비되었는지가 낱낱이 SNS에 저장되고 있다. 이렇게 저장된 데이터들로 여론을 읽을 수 있을 뿐 아니라 여론을 움직일 수도 있다. 언론사와 방송사가 콘텐츠로 세상을 움직였던 시대가 매스미디어의 시대라면, 지금 모바일 시대에는 콘텐츠의 유통을 이용해 세상의 헤게모니를 주도할 수 있으며 그 중심에 SNS가 있다.

통신사에 쌓여가는 민감한 개인정보

2011년 12월 2일 미국에서 일어난 일이다. 이동통신사들이 자사의 스마트폰에 고객의 휴대폰 사용정보를 사용자 동의 없이 수집하는 스파이웨어를 탑재했다는 사실이 밝혀지면서 큰 소동이 벌어졌다. 이 스파이웨어는 캘리포니아에 소재한 Carrier IQ라는 소프트웨어 제작사에서 통신사의 요구에 따라 개발한 것으로 'Carrier IQ'라고 불린다. 이 회사는 약 1억 5,000만 대의 스마트폰에 이 소프트웨어를 내장했다. AT&T, 스프린트, T모바일 등의 미국 통신사는 이 소프트웨어를 Carrier IQ에 요청해 개발한 이후, hTC와 삼성전자 등의 제조사에 요청해 스마트폰에 내장했다. 추후 이 회사의 내부 교육용 문서를 통해 이 소프트웨어가 통신사의 선택으로 블랙베리와 노키아는 물론 아이폰에까지 설치되었음이 탄로 났다.

그에 앞서 11월 중순에는 안드로이드 개발자인 트레버 에카르트(Trevor Eckhart)가 이 소프트웨어가 고객이 스마트폰으로 통화한 내역과 문자메시지의 수발신 기록, 웹브라우저로 방문한 사이트의 URL은 물론 위치정보까지도 수집하고 있음을 밝혀냈다. 심지어 이 소프트웨어는 사용자가 스마트폰으로 입력한 모든 문자 내용을 통신사로 전송하기 때문에 이를 악용할 경우 데이터 도청까지도 가능하게 된다. 소프트웨어는 스마트폰을 제조할 때부터 폰 내부에 내장되기에 사용자는 이 소프트웨어의 존재를 알 수 없다.

통신사는 이렇게 수집된 데이터가 좀 더 나은 무선 네트워크 서비스를 제공하기 위한 목적으로 사용된다고 밝혔다. 즉, 고객의 스마트폰 사용 내역을 이용해 통화품질 개선과 망 안정화 작업에 활용하겠다는 것이 통신사의 주장이었다.

실제 이들의 주장처럼 이 데이터가 순수하게 서비스 개선을 위해서만 이용됐는지는 알 수 없다. 또한, 제조사와 Carrier IQ가 이 데이터를 추가적으로 이용했을지도 알 수 없다. 하지만 더 큰 문제는 이러한 프로그램 활용이 고객의 동의 없이 진행되었다는 점이다. 비록 좀 더 나은 서비스 개선을 위해 고객의 데이터를 이용한다고 하더라도 사전에 고객에게 충분히 인지시키고 동의를 구한 후에 이용해야만 한다.

스마트폰 사용이 늘어가면서 이와 같은 개인정보를 악용할 수 있는 사례가 늘고 있다. 안드로이드 마켓에 등록된 앱 혹은 이메일을 통해 유포되는 악성코드들 중에는 Carrier IQ처럼 고객의 폰 사용 정보를 사용자 몰래 서버로 전송하는 것들이 종종 발견되고 있다. 실제로 안철수연구소에 따르면 2011년 상반기에 안드로이드폰의 악성코드가 128개 발견되었는데, 그 후 5개월간 17배나 되는 2251개가 발견되었다고 한다. 이들 악성코드는 전화나 SMS 발송 등으로 원치 않는 과금이 발생하게 하거나 사용자의 스마트폰을 원격으로 조정해 중요한 개인 정보를 빼내곤 한다.

실제 2012년 8월 3일 미국의 모바일 보안 전문업체 룩아웃(Lookout)에서 발표한 보고서에 따르면 상반기에만 최대 100만 대의 스마트폰이 악성코드에 감염된 것으로 추정된다고 밝혔다. 갈수록 스마트폰의 감염확률은 높아져가고 있다. PC를 공격하던 악성코드가 스마트폰을 공격하면서 급속도로 퍼지고 있기 때문이다. 심지어 2012년 3월에는 중국에서 보안 프로그램으로 위장한 안드로이드 앱이 공개되었는데, 휴대폰이 특정 명령에 반응하도록 해 개인정보를 침해하는 문제를 야기했다고 보안 전문업체인 시만텍이 밝혔다.

● 카카오톡으로 접근하는 사기꾼들

국내 대부분의 사용자가 사용하는 카카오톡을 이용해 피싱을 하는 범죄 사례도 늘고 있다. 카카오톡과 같이 휴대폰 번호를 이용해 인증을 하는 서비스의 경우 휴대폰 번호를 바꾸면(번호이동) 기존 사용자의 명의가 쉽게 도용될 수 있다. 즉, 기존 휴대폰 번호를 이전받은 사용자가 이 번호를 이용해 기존 사용자처럼 행사할 수 있다. 그래서 휴대폰 번호가 바뀐 줄 모르는 카카오톡 친구들에게 메시징 피싱을 해 사기를 치는 경우가 늘고 있다.

스마트폰은 PC보다 훨씬 더 많은 개인정보가 기록되어 있기 때문에 이 같은 문제가 더욱 심각한 피해를 양산할 수 있다. 이 문제를 예방하기 위해서는 스마트폰에 보안 앱을 다운로드 받아 설치해야 한다. 특히, 안드로이드폰 사용자의 경우 안드로이드 마켓이 아닌 다른 비공식 마켓을 통해 앱을 설치하지 않아야 한다. 그리고 직접 파일을 다운로드받아 폰에 설치하지 않도록 유의해야 한다. 아이폰 사용자는 폰을 탈옥하지 않아야 한다. 탈옥한 아이폰은 보안에 취약하기 때문이다. 아울러 메시징 피싱이나 사용자 명의 도용을 피하기 위해서는 번호 이동이나 번호 해지 전에 반드시 각 앱들의 가입을 해지해야 한다. 해당 번호로 등록된 개인 인

중 정보를 삭제해서 명의 도용을 예방해야 한다.

지구의 빅브라더가 되어가는 구글

서비스 사업자, 제조사, 통신사 외에도 전 세계인의 데이터를 쌓아가는 구글에 대한 우려도 크다. 구글이 2012년 3월 1일자로 시행하는 개인정보 통합 관리 정책에 대한 시민단체와 전문가들의 목소리가 그 대표적 사례이다. 구글은 유투브, 지메일, 구글 플러스 등 자사에서 제공하는 60여 개의 서비스의 개인정보를 통합 관리하겠다고 했는데, 사실 이를 토대로 구글 내 서비스의 사용성을 개선함과 동시에 이러한 정보를 바탕으로 좀 더 정교한 타깃 광고를 해 수익을 극대화하기 위함일 것이다.

구글 플러스의 팔로잉 목록과 유투브에서 즐겨찾기한 특정 주제의 동영상 관련 정보, 안드로이드폰에서 설치하고 주로 사용하는 앱에 대한 정보를 기반으로 구글 검색 결과를 출력할 때 만족도를 높일 수 있을 것으로 기대된다. 그 어떤 기업보다 고객에 대한 다양한 정보(구글의 모든 서비스와 안드로이드 · 크롬 플랫폼을 통해 축적된 고객 DB)를 가지고 있는 구글이기에 이 데이터를 활용하면 정보검색은 물론 상품추천과 광고 등 다양한 목적으로 활용할 수 있을 것이다.

하지만 이러한 정보가 사용자의 서비스 편의성만을 위해 사용되지는 않을 것임은 누구나 아는 일이다. 구글이 "Don't be evil(악해지지 말자)"을 모토로 하고 있지만 기업의 존재 목적인 이윤 추구를 실현하기 위해 이 데이터를 당연히 활용할 것이다. 물론 그런 데이터는 아마존, 페이스북, 네이버, 다음, 애플 모두 적극 사용하려 하고 있다. 문제는 구글에 쌓이는 정보들이 그 어떤 서비스에 쌓이는 것보다 방대하고 자세하다는 데 있다. 이러한 데이터가 어떤 근거와 이유로 어떻게 사용되는지 외부에서 파악할 수 없다면 자칫 구글은 악해질 수도 있다. 그렇기에 미국 시민단체는 2012년 2월 8일 구글이 연방무역위원회(FTC)와의 합의를 위반한 것이라면서 이를 제지해달라는 내용의 소송을 연방법원에 제기했다.

사실 구글이 이러한 개인정보를 수집하고 통합 활용하는 것에 대한 우려는, 구글의 서비스뿐 아니라 구글의 안드로이드와 구글TV 플랫폼, 그리고 크롬 브라우저 등을 통해 구글이 아닌 다른 서비스 사용자들의 사용 내역 정보마저도 구글이 활용할 수 있다는 가능성 때문이다. 구글은 이미 스마트폰은 물론 태블릿, TV, 그리고 브라우저 플랫폼을 소유하고 있으며 이들의 시장 점유율은 빠르게 성장 중이다. 이러한 플랫폼에서는 사용자에 대한 다양한 정보를 수집할 수 있다. 그렇다 보니 구글의 이 같은 플랫폼을 기반으로 개발된 각종 디지털 기기들을 제조하는 제조사와 이들 기기의 통신망을 제공하는 통신사는 고객들과 점점 멀어지고 구글의 헤게모니 주도권이 커질지도 모른다.

먹이사슬의 최정점에 있는 포식자의 개체수가 많아지면 먹이사슬의 균형은 깨지고 생태계는 파괴된다. 또한, 포식자 간의 적절한 견제가 있어야 긴장감 있는 안정이 이루어질 수 있다. 기술은 고삐 풀

린 망아지마냥 지속적으로 발전하고 있다. 그 발전이 문명의 멸망으로 가지 않고 평화로운 진화로 가도록 하기 위해서는 독주가 아닌 상생이 될 수 있는 제도와 경쟁이 필요하다. 스마트폰의 등장, 그리고 IoT의 개막과 함께 기술이 우리 삶과 사회를 지배하고 통제할 수 있을 만큼 막강해지고 있다. 또한, 사회, 윤리, 규범의 통제권을 벗어난 초국가적 기업이 그 기술로 헤게모니의 주도권을 가지게 될 경우 생태계는 교란에 빠질 수 있다. 기술이 주는 편의성 뒤에 숨겨진 무서운 빅브라더의 가능성을 견제하는 균형감이 필요하다. 그러기 위해서는 ICT 기술의 변화와 혁신에 대해 잘 이해해야 한다. 기술이 목적이 아닌 도구가 될 때 우리 사회와 삶은 평화적인 성장을 해나갈 수 있을 것이다.

| 3부 |
디지털 컨버전스 시대, 시시각각 진화하라

승자가 모든 것을 갖는 ICT 생태계 전쟁

스마트폰 시장이 커져가면서 구글, 애플, 삼성, 아마존은 더욱 강력해지고 MS, 노키아, 블랙베리, DELL의 위상은 크게 흔들리고 있다. 거대 기업의 희비 속에서 새롭게 시장 장악력을 공고히 하는 곳은 페이스북과 트위터이다. 하드웨어 또는 소프트웨어 장악권을 기반으로 이 두 가지를 수직통합하며 디지털 콘텐츠 유통 플랫폼을 장악해가는 GASA(Google, Apple, Samsung, Amazon)와 HW, SW 그 어떤 것에도 혁신적인 시장 지배력을 갖추지 못하면서 추락해가는 MOBE(MS, nOkia, Blackberry, dEll)는 PC 웹 시대가 저물고 스마트폰 앱 시대가 떠오르고 있음을 보여주는 대표적인 사례이다. 더욱 수직계열화, 승자 독식으로 치열해져가는 모바일 이후의 산업 구조에 대해 살펴보자.

모바일 앱은 확장하기 위해, PC 웹은 살아남기 위해

2009년 11월 아이폰이 국내 출시된 이후, 3년 만에 대한민국 국민의 반 이상이 스마트폰을 사용할 만큼 모바일은 트렌드를 넘어 문화가 되었다. 1998년 두루넷의 케이블 모뎀과 함께 펜티엄 MMX라는 멀티미디어 PC가 등장한 후, 초고속 인터넷이 보급되고 웹의 세상이 열리면서 포털, 전자상거래, 온라인 게임 등의 새로운 인터넷 산업이 성장했던 것처럼, 모바일을 기반으로 한 새로운 산업의 패러다임이 등장했다. 이미 스마트폰으로 인터넷 서비스를 사용하는 사용자수는 PC를 이용해 인터넷을 사용하는 사용자수를 앞질렀다. 국내에서 가장 많은 사용자가 이용하는 카카오톡은 그 사용자수가 네이버를 방문하는 사용자수를 앞설 정도이다. 또한, 웹에서 중요한 수익모델의 하나인 검색 서비스의 사용량 역시 모바일이 PC를 앞선 지 오래다. 방송통신위원회가 발표한 2012년 방송매체 이용 행태 조사 결과에 따르면 하루 매체 사용 시간 중 스마트폰이 1시간 57분, PC · 노트북이 1시간 50분으로 이미 모바일 사용 시간이 컴퓨터 사용 시간을 추월했다.

스마트폰이 등장한 초기만 해도 PC 웹에서 제공되던 서비스들을 그대로 이용할 수 있는 수준 정도만 모바일에서 구현되었다. 페이스북, 트위터, 메일, 지도, 날씨, 캘린더 등은 이미 웹에서도 제공되던 서비스들이었다. 모바일은 PC 웹을 근간으로 존재하는 것이 일반적이었다. 하지만 이제 스마트폰은 PC 웹과 분리되어 독자적인 생태계를 구축했다. PC 웹에서는 사용할 수 없는 모바일 고유의 서비스들이 오히려 PC 웹 서비스보다 더 큰 주목을 받으며 빠르게 성장하고 있는 상황이다. 대표적인 카카오톡과 새로운 SNS인 카카오스토리, 내비게이션 앱 T맵과 전자책 리디북스, 그리고 미국에서 주목받고 있는 인스타그램(페이스북이 인수), 플립보드 등을 예로 들 수 있다.

이제 스마트폰은 모바일의 울타리를 넘어 PC 웹과 상호 연계되며 더 큰 통합의 생태계를 만들고 있다. PC 웹을 기반으로 성장한 서비스들은 고립되지 않기 위해 모바일 서비스를 지원하고 있다. 카페, 블로그, 뉴스, 검색, 지도, 미니홈피, 네이트온 등은 축소되는 PC 시장을 넘어 생존하기 위해 성장하는 스마트폰을 적극 지원하고 있다. 또한, 모바일 서비스 역시 더 큰 확장을 위해 PC를 지원하고 있다. 인스타그램 등의 서비스는 PC에서도 사용 가능하도록 웹을 지원하고 있고, 카카오톡의 PC 버전은 올 상반기 중에 출시될 계획이다. PC 웹 서비스는 살아남기 위해, 모바일 서비스는 더 확장하기 위해 서로 간의 연결고리를 찾아가고 있는 것이다.

● **웹과 앱의 만남과 연결**

구관이 명관인 것처럼 새로운 기술에 현혹되어 옛것이 초라해 보일지라도 시간이 흘러 정신 차리고 보면 기존 기술이 주는 영향력을 무시할 수 없다. PC가 한창 주목받을 때 초라해져가는 TV와 라디오, 신문을 평가 절하했지만 아직도 방송과 언론의 영향력을 무시할 수는 없다. 기존의 산업 또한 달라진 시대에 맞게 변화하면서 지속 성장해간다. 스마트폰의 지배력이 높아졌지만, 여전히 웹의 기기를 가리지 않는 뛰어난 호환성과 낮은 사양의 하드웨어에서도 놀라운 성능을 보여주는 퍼포먼스는 우수하다. 새로운 시대의 사업 전략을 구상함에 있어서 스마트폰 앱으로 치우친 사고는 위험하다. PC 기반의 웹은 꾸준히 진화하고 있으며 순수 모바일 서비스 역시 모바일 웹의 형태로 어떤 브라우저에서나(PC, TV, 스마트폰, 태블릿) 연결 가능하도록 지원하고 있음을 볼 때 균형 잡힌 사고가 필요하다. 웹과 앱 두 마리 토끼를 모두 잡는다는 생각으로 사업 비전과 전략을 구상할 수 있어야 한다. 두 마리를 커다란 그물로 한 번에 잡든, 시간차를 두고 한 마리씩 잡든 두 마리를 모두 얻어야 한다는 목표를 가지고 전략을 추구할 수 있어야 한다.

모바일이 가져다준 수직통합의 비즈니스

요즘 지하철 좌석에 앉아 있는 사람들을 살펴보면 하나같이 작은 스마트폰 화면에 열중한다. 이 같은 변화 속에서 비즈니스도 변화하고 있다. 우선 스마트폰의 보급이 늘어가면서 당장 직접적인 위협을 받은 비즈니스는 무가지 시장이다. 몇 년 전만 해도 지하철과 버스에 탈 때 어김없이 사람들 손에 들려져 있던 무가지는 이제 찬밥 신세가 되었다. 또한, 5년 전만 해도 중고등 학생들에게 교육 방송 시청용으로 필수품이던 PMP와 MP3P 역시 잊혀졌다. 자동차에 선택이 아닌 필수였던 내비게이션 역시 스마트폰의 내비게이션 앱이 대체해가고 있다. 아파트마다 야식 배달의 친절한 도우미였던 상가수첩 역시 스마트폰의 배달의 민족, 배달통과 같은 앱으로 대체되었다. 스마트폰의 등장은 새로운 시장과 비즈니스를 만들어냈고 기존의 제품을 대체하고 있다.

연간 1조 5,000억 원에 달하는 통신사의 SMS 비즈니스는 카카오톡의 등장과 함께 큰 타격을 받고 있다. 카카오톡은 공짜로 메시지를 전송할 수 있도록 함으로써 SMS의 대체 서비스로 자리매김했고, 더 나아가 보이스톡과 그룹콜 등으로 통화 시장마저 위협하고 있다. 카카오톡은 무료로 서비스를 제공하는 대신에 카카오톡 플러스친구를 통해 새로운 광고 비즈니스 모델을 만들어 수익을 창출하고 있다. 마치 포털이 공짜로 메일, 뉴스, 카페, 블로그, 검색 등의 서비스를 제공하면서 배너광고와 검색광고를 기반으로 수익모델을 만든 것과 같다. 카카오톡은 광고 이외에 선물하기와 아이템스토어, 카카오스타일을 통해 전자상거래에 진출했고, 게임하기를 이용해 모바일 게임 채널링 사업을 추진했다. 모바일에서 국민 게임이 된 애니팡, 드래곤플라이트, 아이러브커피 등은 카카오톡을 통해서 유통되고 있는 게임들이다. 웹 시장을 지배하고 있던 포털, 인터넷 쇼핑몰과 오픈마켓, 온라인 게임 등이 카카오톡을 두려워 할 수밖에 없게 된 것이다.

카톡, 채팅에 날개를 달다
보이스톡 Beta Open!

통신사의 SMS와 통화 수익에 영향을 준 카카오톡

2010년 10월, 우아한 형제라는 회사에서 배달의 민족이라는 앱을 앱스토어에 등록했다. 이 앱은 반경 2km 내에 있

배달 전문 업소를 찾아주는 배달의 민족 앱

는 배달 가능한 음식점들의 연락처와 위치, 메뉴를 알려준다. 출출해지는 저녁 시간 상가수첩이나 전단지를 이리저리 찾지 않고, 배달의 민족을 스마트폰에서 실행하면 바로 해결된다. 무엇보다 배달 업체에 대한 사용자들의 리뷰와 평점, 실제 통화한 횟수 등을 알려주기 때문에 맛과 서비스에 대한 품질을 평가하기 쉽다. 주문할 때 스마트폰으로 직접 결제하는 것까지 가능하며 수많은 배달 업체들의 쿠폰을 통합 관리할 수도 있다. 이 업체는 월 100만 건 이상의 주문 통화 건수와 월 7억 원의 매출, 2만 명의 유료 광고주를 확보했으며 빠르게 성장 중에 있다.

이 같은 스마트폰의 등장과 다양한 인터넷 서비스의 진화는 비즈니스의 변화를 가져오고 있다. 무엇보다 HW를 제조해서 판매하여 수익을 확보하던 전통적인 제조사들이 변화하고 있다. 스마트폰을 제조하는 애플, 삼성전자 등은 그저 스마트폰을 팔아 영업이익을 확보하는 것을 넘어 스마트폰을 통해 지속적으로 발생하는 부가가치를 더 중요한 비전으로 삼고 있다. 그렇다 보니 자사가 제조한 스마트폰에 지속적으로 사용자에게 서비스를 제공하고, 이것을 기반으로 수익을 확보할 수 있는 서비스들을 탑재하고 있다.

아이폰은 아이튠즈, 앱스토어, 아이북스, 팟캐스트 등을 제공하고 있으며, 더 나아가 iOS 6에는 구글 지도를 빼고 자체적으로 제공하는 애플 지도와 패스북(쿠폰 서비스) 서비스를 탑재하고 있다. 이들 서비스를 사용자에게 제공함으로 인해서 콘텐츠 판매, 광고, 전자상거래 등의 수익모델을 확보하려는 것이다. 물론 이러한 움직임은 애플뿐만 아니라 삼성전자도 보여준다. 여러가지 허브 플랫폼을 통해서 콘텐츠 유통과 광고 등의 비즈니스 모델 공략에 적극 나서고 있다. 삼성전자 스마트폰에 제공되는 안드로이드를 만드는 구글 역시 구글 플레이를 통해서 새로운 모바일 플랫폼에서의 비즈니스 장악에 나서고 있다.

제조사가 고객에게 제품 한 번 판매하고 수익을 올리던 시대가 지난 것이다. 고객과의 지속적인 관계를 기반으로 부가가치를 창출하는 것이 핵심 비즈니스 모델이 되었다. 이미 이러한 모델은 기존 WWW에서 증명되었던 것인데 이 시장에 전통적인 온라인 서비스 사업자 외에 제조사, 통신사, OS 사업자 모두 너도나도 적극 뛰어들면서 치열한 경쟁을 하고 있다.

전체적으로 보면 모바일 플랫폼 시대의 개막과 함께 새로운 비즈니스 모델이 나왔다기보다는 기존에 존재하던 비즈니스 모델이 수직통합되고 있다는 점과 승자독식(Winner takes all)의 장이 되고 있다는 점이 큰 특징이다. 웹 플랫폼의 시대에도 콘텐츠 유통, 광고(검색과 디스플레이), 게임, 교육 등의 모델이 존재했다. 다만 이 모델들의 영역이 서로 분리되어 있었다. 콘텐츠 유통 중 특히 음악 시장을 지배하는 멜론, 온라인 광고의 양대 산맥인 네이버와 다음, 게임을 지배하고 있는 엔씨소프트와 넥슨, 네오위즈게임즈, 그리고 교육의 최강자인 메가스터디와 휴넷 등으로 구분되었다. 그런데 모바일 플랫폼의 시대에는 이 모든 것이 한 기업으로 집중되며 구분된 비즈니스 모델이 하나로 통합되고 있다. 그런 이유로 거대한 플랫폼인 모바일 시장의 HW, SW, NETWORK를 소유하고 있는 기업들(제조사, 운영체제업체, 통신사)이 이 모든 비즈니스 모델을 확보하고자 총성 없는 전쟁을 벌이고 있다.

● **스노우 이펙트를 겨냥한 린스타트업**

디지털 산업의 변화에 맞춰 사업전략을 구상함에 있어서 가장 어려운 점이 시장과 경쟁 환경이 너무 빠르게 변화한다는 점이다. 변화가 빠르다 보니 변수가 많고 그런 이유로 사업전략을 구상하며 세운 많은 가설이 달라진다. 가설이 달라지니 결과가 달라지고 그에 따라 목표 달성이 어려워진다. 그래서 디지털 사업 전략에 있어 가장 중요한 것은 작게 시작해 크게 키워가는 것이다. 처음부터 너무 큰 목표, 너무 긴 일정, 대규모의 투자를 기반으로 추진해서는 안 된다. 피자 한 판을 먹을 만큼 작은 팀 구성을 통해서 작지만 빠르게 사업 추진을 해나가야 한다. 단기 목표를 수립해 달성해가면서 시장 반응을 보고 조금씩 꿈을 키워가야 한다. 이러한 사업 추진을 위한 방법론으로 린스타트업(Lean Startup)이라는 프로세스가 주목받고 있다. 적게 투자하면서 고효율을 얻는 프로세스로 짧고 가볍게 산출물을 만들면서 소비자 반응을 봐가며 제품 개선을 하는 방식이다. 미래 예측이 어려울 때에는 예측을 하는 데 탁상공론을 해가며 시간 낭비를 할 것이 아니라, 현장에서 실제 작은 사업 전략을 구상해 테스트해가며 고객 반응을 보면서 키워가는 전략이 효과적이다.

유통 플랫폼을 향한 각양각색의 전략

모든 모바일 플랫폼에는 브라우저가 제공되어 기존 웹과 모바일에 최적화된 모바일 웹을 사용할 수 있다. 하지만 이미 PC에 최적화되어 성장한 웹이 모바일 디바이스(스마트폰, 태블릿)의 특성(PC와 다른 작은 화면의 UI와 다양한 센서를 이용한 조작 지원, 제한된 메모리 용량, 24시간 인터넷에 연결된 접속성 등)에 맞을 리 없다. 그렇다 보니 모바일의 사용성에 최적으로 동작되는 앱이 더 주목받을 수밖에 없다. 그런데 그 앱은 OS에 종속적이어서 웹과 달리 다른 OS 간에 호환이 되지 않는다. iOS와 안드로이드, 그리고 언제 성장할지 모르는 윈도우폰, 무시하기 어려운 스마트폰 시장의 강자 삼성전자의 독자 OS 등이 모바일 플랫폼에 통일된 규격이 등장하는 것을 어렵게 하고 있다.

모바일 플랫폼 시장 유통을 장악하기 위한 사업자들의 전략은 저마다 다르다. 애플은 앱 유통을 위한 앱스토어, 콘텐츠 유통을 위한 아이튠즈, 미디어 유통을 위한 아이북스로 분산된 스토어 전략을 추구한다. 구글은 플레이라는 통합 플랫폼을 통해 모든 디지털 콘텐츠를 유통하고 있으며, 모든 비디오 콘텐츠의 유통을 위한 거대 플랫폼, 유투브(당연히 플레이로 통합되겠지만)를 가지고 있다. 이 같은 유통 플랫폼은 애플과 구글이 영향력을 행사하는 모든 단말기의 통합된 유통 플랫폼으로 자리매김하고 있다.

삼성전자는 허브라는 유통 플랫폼을 갖추되 미디어허브(비디오), 게임허브, 소셜허브, 리더스허브(전자책), 뮤직허브, 리딩허브(교육)와 앱을 유통하는 삼성앱스 등의 7개로 분산된 전략을 추구하고 있다. 이 허브에 제공될 전 세계 수많은 콘텐츠를 확보하고 이를 운영하기 위한 서비스에 집중하고 있다. 그간 삼성이 해오지 않던 콘텐츠 유통에 본격 뛰어든 것이며 이를 위해 새로운 BM(단말기를 팔고 끝이 아닌 그 단말기에서 지속적인 수익모델을 가져가는 구조)이 갖춰지게 될 것이다.

과연 애플, 구글, 삼성의 이 같은 Post WWW 시대의 플랫폼 유통 시장 장악을 위한 전략은 성공할까? 과거 이 시장을 장악해오던 웹의 지배자인 포털과 통신시장의 지배자인 통신사, 그리고 미디어 시장의 지배자인 방송사 등은 어떤 전략으로 대응해가는지 지켜보면 흥미로울 것이다. 실례로 네이버는 네이버 앱스토어를 통해서 구글 플레이와 같이 한국 시장의 특성에 맞는 통합 디지털 콘텐츠 유통 전략을 추구하고 있다. SKT는 음악 유통의 메카인 멜론과 앱 유통처인 T스토어를 통신사 중 가장 빠르게 내놓으면서 대응하고 있다. KT는 올레뮤

삼성전자의 교육 콘텐츠 유통 서비스, 러닝허브

직(지니 등)과 IPTV 등을 통한 디지털 콘텐츠 유통에 나서고 있다. 다음은 다음TV를 통해서 TV 기반의 비디오 콘텐츠 유통과 TV팟을 통해서 N스크린 비디오 유통에 대응하고 있다.

열린 플랫폼인 웹에서 배웠던 교훈은 사람들의 발길과 손길이 머무는 그곳이 유통의 중심지가 된다는 것이었다. 그리고 그곳은 분산되는 게 아니라 통합된 한 곳에 집중되리라는 것도 알 수 있었다(사용자들은 여기저기 나뉜 것을 번거롭고 귀찮게 생각함).

그런 면에서 보면 그 어떤 종류의 콘텐츠든 하나에서 만날 수 있는 통합 유통 플랫폼, 그 어떤 스크린이든 상관없이 하나로 관리될 수 있는 N스크린을 지원하는 플랫폼이 유통의 중심지가 될 확률이 높음을 예측할 수 있다. 그런데 N스크린은 둘째 치고 같은 4인치 스크린이지만 파편화가 심한 스마트폰 시장에서도 일관된 서비스 구현이 어려운 이 현실에서, 이러한 문제를 극복하고 유통을 장악하기가 그리 쉬운 일이 아님을 예상할 수 있다.

그래서 구글이 만든 크롬의 가능성과 기회에 주목해야 한다. 크롬과 플레이의 이원화된 유통 플랫폼 전략은 이 시장에서 구글이 얼마나 치밀하게 준비하고 있는지를 알려준다.

이러한 시장 상황에서 콘텐츠와 서비스를 개발하는 사업자들은 가급적 모든 플랫폼에서, 특히 시장에서 BIG 3에 드는 유통 플랫폼에서 자사의 상품이 진열될 수 있도록 해야 한다. 소비자를 많이 만날 수 있어야 상품의 판매 확률과 가치 창출이 높아지기 때문이다. 직접 유통을 장악하는 플랫폼을 구축하는 것은 상당한 시간의 투자와 뚝심이 필요한 만큼 섣불리 접근하려 해서는 안 된다.

또한, 유통 플랫폼의 성장과 함께 주목할 것은 마일리지 시장에 대한 고려이다. 유통망 사이의 경쟁에서 중요한 것은 제품의 다양성과 가격이다. 그런데 지구상에 판매되는 제품이 유한하다 보니 A 유통망에서 판매되는 것이나 B 유통망에서 판매되는 것이 큰 차이가 날 리 없다. 이때 중요한 것은 자사 유통망에서 구입할 경우 마일리지를 적립해줌으로써 고객의 로열티를 확보해 떠나지 않게 만드는 것이다. 이런 면에서 볼 때 네이버의 마일리지, SK플래닛의 OK캐쉬백 등은 네이버 N스토어와 T스토어의 영향력을 강화하는 데 크게 기여할 것이다. 유통 플랫폼의 강화에 있어서 고객의 충성도를 높이고 떠나지 않게 하는 새로운 아이디어와 기획이 중요해지고 있다.

물론 모든 플레이어가 콘텐츠를 제쳐두고 유통 플랫폼을 추구할 필요는 없다. 예를 들어, PC통신이 시작된 이후 인터넷 소설이 새로운 장르로 등장하고 2003년 웹에 적합한 만화인 웹툰이 등장하면서, 소설과 만화 시장에 신인작가들이 활발히 등용되었고, 전반적인 시장의 규모가 성장하게 되었다. 귀여니는 16살에 '그놈은 멋있었다'를 인터넷 소설 사이트에 연재하며 주목을 받았는데, 2004년 영화로까지 제작되고, 중국에 책이 수출되기도 했다. 강풀은 2003년 미디어다음에 '순정만화'를 연재하면서 한국의 대표적인 만화가로 자리 잡게 되었는데, 이 만화 역시 영화로도 출간되었다. 플랫폼의 변화에 맞춰 콘텐츠가 변신하면서 새로운 장르로 발전할 수 있었던 것이다. 그릇이 아무리 예뻐도 맛있는 음식이 담겨져 있지 않으면 플랫폼의 가치가 발휘

되지 않는다. 플랫폼을 지배할 수 없다면 플랫폼을 뛰어 넘는 콘텐츠를 제작해 수익모델을 극대화할 수 있다. 콘텐츠가 그 어떤 플랫폼(PC통신, 웹, 모바일, 그리고 영화, 연극, 책 등)을 넘나들면서 수익을 확장할 수 있다.

● **생산, 유통, 소비가 만드는 시장**

모든 경제나 시장은 생산, 유통, 소비의 3가지로 구분해서 관찰할 때 큰 인사이트를 얻을 수 있다. 시장의 활성화는 이 3가지가 유기적으로 조화롭게 동반 성장하며 이루어진다. 스마트폰 시장의 초기인 2007~2010년 경에는 불모지나 다름없는 시장 진입기였기에 생산이 중요했다. 소비를 촉발시키기 위해서는 시장을 개척해주는 생산자들이 등장해줘야 한다. 양질의 생산이 늘어나면 자연스레 소비가 늘기 마련이다. 2010~2012년에 모바일 플랫폼이 폭발적으로 성장한 것은 놀랄 만큼 빠른 소비가 있었기 때문이다. 이후 생산과 소비의 균형이 이루어져가는 지금 시점에서 중요한 것은 효율적인 유통이다. 좀 더 값싸고 쾌적하며 편리한 유통망이 형성되어야 생산자와 소비자 모두 만족할 만한 시장, 즉 생태계가 구축되는 것이다. 이렇게 단계별로 시장이 성숙되어 갈 때 유통을 장악하는 것이 가장 최고의 비즈니스 모델이다. 성공하긴 어렵지만 성공할 경우 영업이익률이 높고 오래가는 비즈니스이기 때문이다.

플랫폼 전쟁에서 살아남는 전략

ICT 신기술의 시작은 초라하지만, 그 끝은 나비효과처럼 커다란 쓰나미로 다가온다. 신기술의 등장에 대중은 주목하지 않는다. 그저 얼리어답터와 애널리스트, 전문가 일부만 관심을 가질 뿐이다. 그 신기술을 기반으로 생태계가 형성되면서 사용자의 생활과 업무에 직간접적으로 영향을 주는 서비스(킬러앱)가 등장하기 시작하면 점차 변화가 시작된다. 이 변화가 대중에게 전파되면서 사회 전반에 영향을 주기 위해서는 서비스가 좀 더 많은 일반 사용자에게 전파되어야 하며 그렇게 되려면 사용하기 쉽고 편리한 UX, UI가 중요하다. 사회와 산업 전반에 영향을 주는 ICT 플랫폼, 생태계의 변화상과 그에 따른 대처 방안을 살펴본다.

플랫폼이 된다는 것의 의미

플랫폼은 앞으로도 기술의 진화에 따라 변화되어 갈 것이다. 이 변화는 새로운 HW의 등장과 그에 맞는 최적의 SW의 탄생, 그리고 그러한 HW, SW를 인터넷에 좀 더 빠르고 편하게 연결시켜주는 NETWORK 기술의 진화에 발맞춰 진행된다. 그러므로 이들 3가지의 진화가 어떤 형태로 진행되고 어떻게 대중에게 전파되고 수용되느냐에 따라 앞으로 또 다른 플랫폼이 등장하게 될 것이다.

플랫폼의 진화는 항상 신기술의 등장으로 시작된다. 하지만 신기술이 모두 플랫폼으로 성장할 수 있는 것은 아니다. 스마트폰보다 먼저 출시된 PDA나 HPC, PDA폰 등은 최신 기술이 적용되었지만 플랫폼으로 자리 잡지 못했다. 플랫폼으로 자리 잡기 위해서는 대중의 선택이 필요하다. 적어도 대중적인 사용자수를 확보해야만 플랫폼으로 자리 매김될 수 있다. 아무도 사용하지 않으면 그것은 플랫폼이 아니다. 인구 중 20% 정도(한국으로 따지면 5,000만 명 중 1,000만 명)가 사용해야 플랫폼이라 할 수 있다.

그렇게 대중의 선택을 받기 위해 필요한 것은 대중이 구입할 수 있을 만큼 저렴한 가격이다. 그 플랫폼을 사용할 수 있는 디바이스가 싸야만 좀 더 많은 사람들이 구입할 수 있다. 그러려면 HW를 만드는 제조사들 간에 경쟁을 해야 한다. 경쟁이 치열할수록 제품의 가격이 하락하기 때문이다. 아이폰 이전에 MS와 삼성 등은 윈도우 모바일 OS를 기반으로 한 스마트폰을 출시했지만 크게 주목받지 못했다. 또한,

만일 아이폰만 출시되었다면 스마트폰은 이처럼 대중화되지 못했을 것이다. 삼성과 hTC, LG전자 등에서 안드로이드폰이 출시되면서 가격이 경쟁적으로 하락했고 그로 인해서 스마트폰이 대중화된 것이다.

이렇게 어느 정도 대중의 선택을 받게 되면 좀 더 많은 사용자로 확대되어 인구 50% 이상이 사용해야만 플랫폼의 저변이 넓어지게 된다. 플랫폼에 참여하는 사용자수가 늘어나야만 플랫폼의 가치도 더 커지기 마련이다. 플랫폼의 진화를 위해 필요한 더 많은 사용자의 참여는 SW의 표준화를 통해서 해결된다. HW를 동작시킬 때 필요한 SW의 사용이 쉬워야 하고 어떤 디바이스든 HW에 종속되지 않고 사용될 수 있어야 좀 더 많은 대중의 선택을 받게 된다. WWW이 보편적인 플랫폼이 될 수 있었던 것은 어떤 제조사의 PC든 상관없이 동일한 사용자 경험을 제공할 수 있었기 때문이다.

이처럼 SW 표준화가 이루어진 이후에 필요한 것은 네트워크 속도이다. 플랫폼을 구성하는 한 축인 네트워크의 속도가 느리면 아무리 HW 속도가 빠르더라도 제대로 이용할 수 없다. PC통신에서 WWW으로 플랫폼이 변화하며 초고속 인터넷이 등장한 것처럼, 휴대폰에서 스마트폰으로 진화하면서 2G/3G가 WiFi/4G LTE로 진화하는 것과 같이 좀 더 빠른 인터넷이 지원되어야 새로운 플랫폼이 좀 더 많은 사용자를 확보할 수 있게 된다.

그 과정에서 기존의 게임의 법칙과 산업간 경쟁 구도가 파괴되고 와해성 혁신이 일어난다. 새로운 기업과 기술, 서비스가 주목받게 된다.

이후 이렇게 HW-SW-NETWORK 기술이 상향평준화가 되면 더 이상 기술은 중요치 않다. 기술은 눈에 보이지 않는다. 보편적 플랫폼이 된 이후에 중요한 것은 사용자 경험을 편안하게 해주는 디자인이다. 그리고 그런 플랫폼에서 사용할 수 있는 서비스(킬러앱)가 중요하다. 최근 모바일 플랫폼 시대에 중요한 킬러앱이 되고 있는 것은 Social, Local, Search 기반의 서비스들이다. 이들 3가지 축의 서비스들이 새로운 플랫폼의 시대에 새로운 게임의 법칙과 비즈니스 모델을 만들어내고 있다.

이처럼 플랫폼의 진화 과정에서 가장 중요한 것은 생태계이다. 플랫폼 위에서 제공되는 다양한 서비스들은 어느 한 기업이 혼자 주도할 수 있는 것이 아니다. 사용자들의 참여와 함께 다양한 기업들의 참여가 동반되어야 한다. 플랫폼 사업자는 사용자와 개발자들이 좀 더 많이 참여할 수 있는 생태계를 제공해줘야 한다. 생태계에 참여함으로써 모든 참여자들이 골고루 혜택과 가치를 가져갈 수 있도록 해야만 그 생태계는 자력 진화할 수 있으며 더욱더 탄탄해지고 건강해진다. 어느 한 기업이 플랫폼을 주도하거나 독점하면 생태계는 유지될 수 없다. 그런 이유로 플랫폼을 운영하는 기업은 플랫폼 내의 많은 데이터와 기술을 오픈하여 외부의 서비스들과 연계되도록 하는 전략을 추구해야 한다. 로마가 번성할 수 있었던 이유가 다민족 모두에게 공평한 기회를 제공하여 어우러지는 사회 기반을 갖추었기 때문인 것처럼 번성하는 플랫폼은 외부의 여러 서비스와 상생하고 공생하는 장을 만들어야 한다.

● 하드웨어 기반의 생태계

애플의 혁신은 아이폰 이전 아이팟 때로 거슬러 올라간다. 애플은 아이팟의 30핀 커넥터와 관련된 기술 규격을 공개함으로써 애플이 아닌 다른 곳에서 아이팟의 30핀 커넥터와 연결되는 다양한 액세서리를 만들 수 있도록 했다. 이렇게 만들어진 액세서리에는 'Made for iPod' 로고가 프린트되었다. 물론 아이폰의 30핀 커넥터도 그렇게 공개되어 'Made for iPhone'이 액세서리에 프린트되도록 했다. 애플은 이 간단한 커넥터를 공개함으로써 애플 중심의 하드웨어 에코시스템을 구축할 수 있게 된 것이다.

플랫폼, 생태계는 서비스나 SW로만 구축할 수 있는 것이 아니다. 하드웨어를 기반으로 생태계를 구축하는 것도 가능하다. 애플이 그것을 보여주었으며, 삼성전자 또한 DLNA 가이드라인에 따라 설계된 'All Share play'를 통해서 삼성전자의 다양한 디바이스들이 상호 연결될 수 있도록 하고 있다. 또한, 인텔은 와이다이(WiDi), 구글은 와이파이 얼라이언스가 발표한 미라캐스트(Miracast)를 지원하고 있다. 퀄컴은 올조인(AllJoyn)이라는 사물 인터넷 기반의 기기 간 상호 데이터 연계를 위한 프로토콜을 오픈했다.

아이팟과 아이폰 액세서리에 프린트된 로고

이 모든 것들이 하드웨어, 네트워크를 기반으로 생태계 구축을 하기 위한 전략인 셈이다.

플랫폼 전쟁에서 살아남는 법

플랫폼을 만드는 것은 상당한 투자와 시간이 걸리지만, 한 번 생태계를 구축하면 10년 넘게 상당한 수익과 다양한 비즈니스 모델의 기회를 얻을 수 있다. 그렇기에 많은 기업들이 새로운 플랫폼을 구축하려고 긴 시간을 투자하는 것이다. 플랫폼을 구축하는 방법은 여러 가지가 있지만 가장 중요한 핵심은 3가지이다. 3가지 중 어느 하나를 집중적으로 공략해서 플랫폼을 지배하면 패러다임을 주도할 수 있고, 10년 넘게 시장을 지배하는 권력을 가질 수 있다.

1. 기득권 기반의 영향력을 행사하라

기존에 이미 확보하고 있는 강력한 기득권이 있다면 그것을 기반으로 야금야금 플랫폼 기반을 다져가야 한다. 삼성전자는 갤럭시 시리즈라는 스마트폰 하드웨어 기득권을 가지고 있고, SK텔레콤은 통신망을 기반으로 시장 장악력을 가지고 있으며, 구글은 안드로이드라는 소프트웨어를 통해 모바일 시장을 지배하고 있다. 이렇게 기존에 갖추고 있던 기득권으로 플랫폼의 저변을 확대하는 것이 가장 위험 부담이 적은 플랫폼 구축 방법이다. 맨 땅에 헤딩하기보다는 기존에 확보된 기반 위에 플랫폼으로 확장 가능한 서비스를 넣어 영향력을 확대해가는 전략을 꾀해야 한다. 이미 기존 사업을 영위하고 있는 기업이라면 기존에 가진 것을 최대한 활용하는 전략을 추구하는 것이 효율적이다. 단, 기존에 가진 것이 시장 점유율 50%로 절대적 1위인 경우에 이런 전략이 효과적이다.

2. 양면시장의 고객층을 최대한 확보하라

정거장이 기차와 탑승객이 만나는 공간인 것처럼 플랫폼 역시 생산자와 소비자, 개발자와 사용자, 판매자와 구매자가 만나는 공간이다. 그래서 플랫폼은 고객이 둘이며 이것을 가리켜 양면시장이라 부른다. 가진 것 없이 새로 시작하는 경우라면 양면시장의 고객 중 하나인 소비자, 사용자, 구매자 층을 적극 공략하는 전략을 구사해야 한다. 기존 시장을 와해하거나 새로운 사용성을 가진 혁신적인 기술을 기반으로 하드웨어, 소프트웨어, 통신망 혹은 서비스 등의 제품을 만들어 일반 사용자를 공략해야 한다. 시장 선점을 무기로 빠르게 대중적인 기반을 갖추든, 늦게 시작하더라도 좀 더 나은 품질이나 경쟁우위 기능으로 사용자 저변을 잠식해가는 것이다. 압도적인 1위로 사용자를 확보해 시장 점유율 1위를 만드는 것이 플랫폼의 지배력을 높이는 방법이다.

3. 양면시장 중 공급층을 꼬셔라

마트가 빠르게 상거래 시장을 장악할 수 있었던 비결은 값싼 다양한 상품들이 진열되어 있기 때문이다. 마트 역시 플랫폼처럼 양면시장을 가지고 있으며, 소비자를 유혹하기 위해 다양한 상품을 저가에 공급할 수 있도록 공급사들과의 전략적 제휴를 확보했다. 마찬가지로 플랫폼의 영향력을 확대함에 있어서 공급자들을 꼬시는 것이 중요하다. 플랫폼의 특성에 따라서 소비자층을 최대한 많이 양적으로 확보하는 것보다 질적으로 우수한 공급자층을 확보하는 것이 플랫폼의 영향력을 확대하는 데 주효할 수 있다. 앱스토어보다 뒤늦게 스토어 시장에 진출한 구글 플레이, MS 윈도우 스토어 등은 아이폰, 안드로이드폰, 윈도우폰에서 동작될 수 있는 양질의 앱을 공급하는 공급사들을 확보하는 전략으로 플랫폼 영향력을 꾀하고 있다. 삼성전자의 바다, 타이젠, 그리고 블랙베리 역시 자체 스토어의 영향력 확대를 위해 앱스토어, 구글 플레이에서 성공적인 킬러앱을 개발한 개발사들을 유혹하는 전략을 추구하는 것도 이 때문이다.

4. API 비즈니스 모델에 주목하라

해마다 뉴욕에서는 API 전략 컨퍼런스인 Strata가 열린다. 2013년 컨퍼런스에서는 API의 유료화 모델에 대한 논의가 주요 화두였다. 그간 많은 서비스, 플랫폼 사업자들은 API를 무료로 개방함으로써 서비스 트래픽을 높이고 이것을 기반으로 광고 등의 수익모델을 꾀하는 것이 일반적이었다. 하지만 API를 오픈하면 호출되는 API의 트래픽과 운영을 위한 비용이 지속적으로 들어간다. 또한 API에 따라 콘텐츠 저작권 등의 문제로 인해 무작정 오픈할 수 없는 경우도 있다. 게다가 API를 오픈한 만큼 사용률이 적어 투자 대비 기대효과가 적은 경우가 많다. 무조건 API를 무료로 오픈하는 것은 비즈니스 측면에서는 바람직하지 않을 수 있다. 이런 이유로 API를 수익모델의 목적으로 제공하는 경우가 점차 늘고 있다. 특히 대중적이지는 않아도 쉽게 발견하기 어려운 데이터나 차별화된 콘텐츠라면 API를 유료로 제공하는 것도 수익화가 가능할 수 있다.

● 패블릿이 만들어주는 기회 속 공략법

Phone과 Tablet의 합성어인 패블릿은 스마트폰의 기능을 갖추고 있으면서 태블릿처럼 화면이 큰 스마트폰을 말한다. 대략 5인치에서 6인치급의 스마트폰을 가리켜(일부에서는 4.6~5.5인치) 패블릿이라 부른다. 처음 패블릿이 출시될 때(델에서 2010년경 스트릭(Streak)이란 이름으로 출시)만 해도 반향을 불러일으키지 못했지만, 2012년 2월 모바일 월드 콩그레스(MWC)에서 삼성전자의 5.3인치 갤럭시 노트가 발표되고 1,000만 대 이상 판매되면서 패블릿 시장이 주목받기 시작했다. 이후 출시된 5.5인치 갤럭시 노트2는 출시 2개월 만에 500만 대가 판매되었다. 패블릿 시장이 주목받으면서 LG전자는 옵티머스 뷰를 출시했고, hTC와 화웨이 등 스마트폰 제조사에서는 5인치 이상 크기의 패블릿을 출시하고 있다. 이렇게 새롭게 등장하는 개념의 디바이스가 만들어가는 플랫폼에서 새로운 기회를 주목할 수 있어야 한다. 패블릿은 크기도 크지만 무엇보다 스타일러스 펜이라는 새로운 조작 방식이 핵심이다. PC는 마우스, 스마트폰은 터치, TV는 리모콘이 주 입력장치인 것처럼 패블릿은

삼성전자의 패블릿, 갤럭시노트2

펜이다. 이 펜을 제대로 활용할 수 있는 킬러앱을 발굴한다면 새로운 플랫폼에서 빠르게 시장 장악을 할 수 있다. 그렇게 하기 위해서는 패블릿의 펜 관련 API에 대한 연구와 패블릿 사용자들의 취향 및 특별한 사용과 관련된 행태 분석을 통해 패블릿만의 독특한 부가가치를 만들 수 있어야 한다.

HW, SW, 통신 플랫폼에서 서비스 플랫폼의 시대로

HW, SW, NETWORK 플랫폼으로 구분된 영역이 통합되면서 서로 간의 경계가 허물어지고 있다. 기존 웹 플랫폼의 시대에는 웹이라는 큰 그릇에 메일, 카페, 미니홈피, 블로그, 검색 등의 작은 그릇들이 존재했고 그 작은 그릇은 큰 그릇 없이는 존재할 수 없었다. 이제는

HW, SW, NETWORK로 구현되던 거대한 플랫폼이 여러 형태로 생겨나고 있다.

아이튠즈, 앱스토어, 구글 플레이를 보면 알 수 있다. 기존의 PC통신, WWW에서는 서로 다른 플랫폼에서 서비스 간 호환성이 없었는데 최근 모바일 플랫폼에서는 서비스가 모든 디바이스를 지원하고 있다. 그렇다 보니 웹에서 사용하던 메일, 카페, 블로그, 검색 등의 모든 서비스가 스마트폰에서도 사용 가능하다. 심지어 스마트TV라 불리는 새로운 플랫폼에서도 이들 서비스를 사용할 수 있게 되고 있다.

더 나아가 페이스북은 그 자체가 플랫폼이다. 페이스북은 F8이라 불리는 Social API를 공개해 제3자가 페이스북을 통해 서비스할 수 있는 기회를 제공하고 있다. 그렇다 보니 페이스북에는 200여 개 국가에서 수백만 명의 개발자들이 무려 80만 개가 넘는 앱을 서비스하고 있다. 이 숫자는 앱스토어에서 제공되는 60만 개보다 35%나 많은 숫자이다. 심지어 앵그리버드라는 스마트폰 게임도 페이스북에서 서비스가 되고 있다. 페이스북은 WWW 플랫폼처럼 다양한 서비스가 제공되는 생태계가 되었다.

메일, 카페, 미니홈피, 블로그 등의 서비스는 다음, 네이버, 싸이월드 등에서 제공하고 있다. 이들 서비스에 외부의 서비스 사업자들이 서비스를 제공하는 것은 제한적이다. 미니홈피에 페이스북에서 제공되는 것과 같은 앱을 외부 사업자가 제공하려면, 사전에 싸이월드와 제휴 논의를 하고 계약을 체결해야 한다. 이후 양사가 구체적인 제휴 방안을 협의하며 기술적 검토를 하는 등의 번거로운 절차를 거쳐야 한다. 그렇기 때문에 이 험난한 과정을 거쳐 실제 서비스로 구현되는 경우는 드물거니와 인력과 시간의 한계로 인하여 구현 가능한 서비스의 수도 제한적일 수밖에 없다. 하지만 웹에서 하루에도 수백, 수천 개의 홈페이지가 만들어지듯 페이스북에서도 수없이 많은 앱들이 탄생하고 있다. 웹 홈페이지가 정해진 HTML 가이드에 따라 만들어지듯 페이스북의 앱들도 페이스북이 제공하는 가이드에 따라 만들어진다. 앱스토어와 구글 플레이에서 수많은 앱들이 탄생하듯 페이스북에서도 수많은 앱들이 탄생되며 거대한 서비스 플랫폼이 되어가고 있다.

트위터 역시 마찬가지로 서비스 플랫폼화되고 있다. 트위터에서 제공하는 Open API를 이용한 서비스들이 수없이 등장하고 있다. 트위터에 이미지와 비디오 콘텐츠를 쉽게 포스팅할 수 있도록 해주는 서비스들과 트위터의 데이터를 실시간으로 분석해서 이슈를 발굴해주는 미디어 서비스와 각종 마케팅 리서치들이 등장했다. 심지어 트위터에 연결하지 않아도 트위터에 등록된 글을 볼 수 있으며 트위터에 글을 올릴 수도 있다. 트위터가 사라지면 트위터를 기반으로 서비스되는 수천 개의 서비스들도 사라지게 된다. 이것이 트위터가 단순 서비스가 아니라 플랫폼임을 보여준다.

카카오톡, 마이피플, 라인 등의 모바일 메신저조차도 이처럼 서비스 플랫폼이 되고자 API를 오픈하고 좀 더 쉽고 다양한 콘텐츠와 서비스를 외부의 사업자들이 제공할 수 있게 노력하고 있다. 대표적인 예가 카카오톡의 플러스친구, 게임하기, 그리고 카카오링크 등이다. 서비스 런칭 3년 만에 사용자수가 약 7,000만 명을 훌쩍 넘으며 국내 모바일에서 최대의 사용자층을 확보하게 되었다. 이후 카카오톡은 플러스친구라는 서비스를 카카오톡 내부에 제공하여 카카오톡 사용자들을 대상으로 메시지를 전파할 수 있는 광고 서비스를 제공했다. 수천만 명의 카카오톡 사용자들에게 자사 상품과 이벤트를 홍보하기 위해 많은 사업자들이 플러스친구에 입점하고 있다. 별도의 모바일 웹이나 모바일 앱 없이도 카카오톡만으로 충분히 스마트폰 사용자 대상으로 제품을 알리고 사용자와의 접점을 만들 수 있게 한 것이나. 또한, 카카오톡의 친구들과 함께 게임을 즐길 수 있도록 카카오톡의 소셜 그래프를 오픈하고, 이를 기반으로 카카오 게임 네트워크를 구축했다. 이를 통해 수많은 중소 모바일 게임 앱 개발사들이 카카오톡의 API와 연계한 게임을 런칭해서 애니팡, 드래곤플라이트, 다함께 차차차 등의 성공적인 사례를 만들었다. 카카오톡 없이도 구글 플레이나 앱스토어를 통해 사용자들에게 모바일 게임을 제공할 수 있지만, 카카오톡과 연계하게 되면 더 많은 사용자층을 더 빠르게 확보할 수 있기 때문에 카카오톡과 연계한 모바일 게임을 만드는 것이다. 카카오링크 역시 게임에서 벗어나 더 많은 앱들이 카카오톡과 연계할 수 있도록 하고 있다. 점차 많은 모바일 서비스들이 카카오톡이 제공하는 API를 이용하며 카카오톡을 기반으로 서비스를 구축할 것이다. 카카오톡은 하드웨어를 가진 삼성전자, 안드로이드를 가진 구글, 이 모두를 가진 애플, 통신망을 갖춘 SKT처럼 기득권이 없는데도 페이스북처럼 서비스를 기반으로 하여 카카오 생태계를 구축했다.

● 플랫폼의 주인이 될 수 없다면, 들어가라

국산 내비게이션 시장 1위인 팅크웨어는 스마트폰의 T맵과 다음 지도 등으로 인해 갈수록 줄어가는 내비게이션 시장에 대한 특단의 조치로 카카오톡과 손잡고 아이나비 for kakao를 만들었다. 즉, 아이나비에서 길 찾기 정보뿐만 아니라 만나기로 한 친구들의 현재 위치까지도 확인할 수 있게 해준 것이다. 내비게이션의 제한된 기능 외에 새로운 가치를 발굴한 셈이다. 모든 기업이 플랫폼을 구축할 수는 없다. 플랫폼은 수천억 원 이상의 가치를 만들어내지만 그렇게 성공하는 곳은 손으로 꼽는다. 연간 수억에서 수백 억 가량의 매출을 내는 것도 충분히 가치 있고 대단한 일이니만큼 뜨고 있는 플랫폼을 적극 활용하는 지혜도 필요하다. 탄탄한 기반을 이미 갖추고 있는 플랫폼과 새롭게 조망 받으며 로켓처럼 뜨고 있는 플랫폼 전부를 아우르는 전략을 추구하는 것이 좀 더 안전하고 경제적인 사업 전략일 수 있다.

혁신에 대처하는
우리의 자세는 무엇인가

〈매트릭스〉라는 영화 속에 나타난 현실 같은 가상을 파괴한 것은 선택자 리오라는 변수 덕분이다. 리오는 정교하게 설계된 매트릭스라는 가상공간 속 프로그램 입장에서 버그와 같은 존재이다. 리오라는 버그가 등장하면서 매트릭스는 혼란 속에 빠지고 모든 것을 파괴하는 스미스라는 괴물이 재탄생된다. 끝내 매트릭스를 창조한 기계는 리오와 협상을 통해 스미스를 제거하고 기계와 인간은 휴전에 접어든다. 코드로 만들어진 프로그램은 언제나 리오나 스미스와 같은 버그와 해커를 만나기 마련이다. 디지털의 지배력이 커지고 우리 사회가 디지털에 종속되어 갈수록 버그와 해킹에 의한 사회 마비와 위기를 고려하고 충분히 대비할 수 있어야 한다.

모든 것이 ON되는 세상

PC, 노트북, TV, 스마트폰, 태블릿에 이어 좀 더 많은 기기들이 인터넷에 연결되고 있다. 디지털 체중계는 WiFi가 내장되어 있어 체중과 체지방을 측정해 인터넷에 저장할 수 있다. 가족 8명까지 측정된 내역을 자동으로 저장하고 관리할 수 있다. 손목에 차거나 몸에 부착하는 디지털 만보계는 스마트폰과 블루투스로 동기화되어 모바일 앱을 이용해 운동 내역을 확인하고 관리할 수 있게 해준다. 점차 많은 기기들이 인터넷에 연결되는 IoT, 즉 사물 인터넷의 시대이다.

매년 1월에 미국 라스베이거스에서는 전 세계의 전자·가전기기 전문 업체들의 글로벌 컨퍼런스인 CES가 열린다. CES 2013에서는 다양한 제품들이 선보였는데, 킥스타터에서 선보여 큰 인기를 얻은 스마트시계 페블과 헬스테크 제품인 핏빗, 바디미디어 등의 신제품이 주목을 받았다. 페블은 스마트폰과 연결하여 사용할 수 있는 정보 단말기로 전자책에 이용되는 전자잉크를 기반으로 개발되어 배터리 소모량을 최소화해 한 번 충전으로 일주일간 사용할 수 있다. 이 제품은 블루투스로 스마트폰과 연결해서 스마트폰에 도착한 메시지와 일정 알림, 날씨 및 SNS의 새 글 등을 확인할 수 있다. 또한, 스마트폰 음악을 컨트롤하고 카메라를 촬영하는 등 스마트폰의 리모컨 역할을 수행하기도 한다. 특히, 페블은 화면이 디지털 액정이기 때문에 시계의 형태나 표시되는 내용을 원하는 대로 바꿀 수 있어 개인 취향에 맞는 시계 디자인을 구성할 수 있다.

점차 스마트폰은 인터넷에 연결되어가는 사물들의 중심 역할을 하고 있다. 사물들이 인터넷에 연결될 때 스마트폰처럼 무선 인터넷에 직접 연결되거나, PC처럼 초고속 인터넷에 연결되기란 쉽지 않다. 무선 인터넷은 달마다 통신비용을 지불해야 하고, 초고속 인터넷은 유선이어야 한다는 제약이 있기 때문이다. 그런 면에서 사물이 인터넷에 연결될 때에는 스마트폰을 경유해서 연결되는 것이 현실적이다. 고성능의 스마트폰과 사물이 블루투스나 WiFi 등을 통해서 연결되고 스마트폰의 앱을 이용해서 사물을 제어하면 저렴한 비용으로 효과적으로 사물 인터넷을 이용할 수 있다. 스마트폰은 모든 사물의 리모컨이 될 것이다.

아이폰을 장착해서 로봇 기능을 구현한 로모는 로모티브라는 제조사의 제품이다. 킥스타터에서 성공적인 펀딩을 받으며 주목받은 이 제품은 CES 2013에서 3세대 모델을 선보이면서 큰 호응을 받았다. 이 제품은 아이폰이나 안드로이드폰을 플라스틱 바디에 거치하고 로모 앱을 실행하면 로봇을 조정할 수 있다. 로모를 원하는 곳으로 이동시키면서 로모에서 촬영한 영상을 송신하고 원격 화상통신 기기로 이용하는 것도 가능하다. 또한, 음악에 맞춰서 로봇을 춤추게 할 수도 있으며 사용자와 간단한 대화를 나눌 수도 있다.

즉, 미래의 ICT 비즈니스는 스마트폰이 모든 사물의 중심에서 시장을 주도하는 와중에 좀 더 많은 사물들이 스마트폰과 연계해서 네트워크에 연결되어갈 것이다. 더 먼 미래에는 스마트폰을 경유하지 않고 모든 사물이 직접 인터넷에 연결되어 서로 데이터를 송수신하며

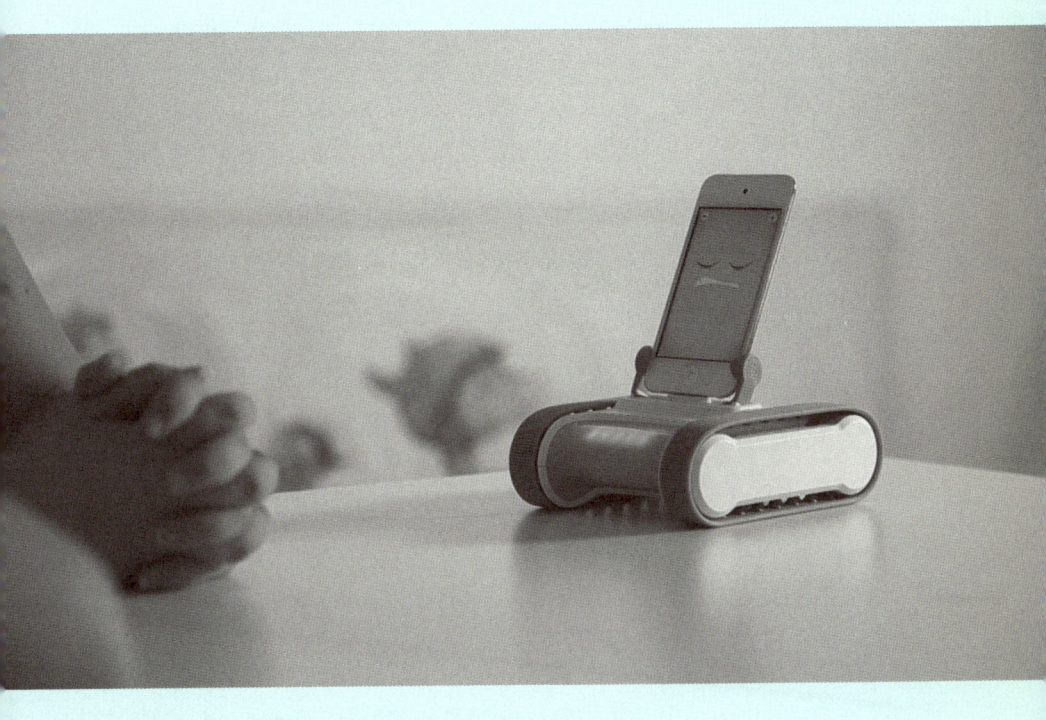

스마트폰을 로봇으로 변신시켜주는 Romo

우리가 좀 더 편리한 서비스를 사용할 수 있도록 도와줄 것이다. 또한, 현실계의 많은 경험들이 가상계속으로 디지털라이징되면서 데이터가 축적되고 이러한 데이터가 더 나은 미래를 설계하는 마중물이 되어갈 것이다.

IoT 시대에 대비하려면 상품 자체보다는 그 상품이 만들어내는 데이터가 가져올 가치에 집중해야 한다. 냉장고가 인터넷에 연결될 때 기존 냉장고와 달리 사용자에게 어떤 가치를 제공할 수 있는지 구상할 수 있어야 한다. 또한, 그 가치를 만들어내기 위해서는 어떤 SW를 탑재하고, 어떤 플랫폼 전략을 구성할지, 비즈니스 모델은 어떤 구조로 만들어낼지 생각할 수 있어야 한다. 특히, 인터넷에 연결된 사물을 통해서 어떤 데이터를 축적할 것인지, 그 데이터가 어떤 가치를 만들지 생각할 수 있어야, 사용자가 굳이 더 비싼 가격을 지불하고 해당 제품을 구입할 것이고 그 데이터가 새로운 수익모델을 가져다 줄 수 있을 것이다.

즉, 플랫폼 사업 전략을 구상함에 있어서 가장 먼저 생각해야 하는 것은 소비자들에게 줄 가치(Value), 그리고 그들이 이 상품을 선택해야 하는 이유(Why)에 대한 통찰력이다. 이후, 해당 사업을 통해서 기업이 얻게 될 이윤을 분석하면서 투자 대비 수익을 분석할 수 있어야 한다. 이때 IoT 사업에서는 그 무엇보다 데이터 기반의 비즈니스 모델과 서비스 기반의 플랫폼 전략에 대한 구상이 있어야 한다.

벨킨(Belkin)에서 출시한 위모(Wemo)라는, 무선으로 전원을 제어하는 자동화 솔루션은 집안 내의 가전기기를 위모를 이용해 연결하면 스마트폰 앱을 통해서 전원을 켜고 끌 수 있다. 즉, 집이 아닌 다른 장소에서 집안의 가전기기의 전원 상태를 확인하고 제어할 수 있는 것이다. 위모의 진정한 사용자 가치는 위모에 연결된 가전기기의 전력 소모량을 스마트폰 앱을 통해서 확인할 수 있다는 점이다. 위모에 탑재된 센서가 연결된 가전기기의 전력 소모량을 데이터로 축적하고, 이를 스마트폰 앱으로 보내 집안에 있는 가전기기들의 기기별 전기값을 체계적으로 관리할 수 있도록 한다. 이렇게 되면 불필요하게 낭비되는 에너지를 절약하는 데 일조할 수 있다. 또한, 기업 입장에서는 이렇게 확보된 가구에서의 각 기기별 전력 소모량에 대한 실시간 분석 데이터를 기반으로 광고 혹은 컨설팅과 차세대 에너지 관련 사업에 중요한 리서치 사업 등을 할 수 있게 된다.

좀 더 먼 미래(5년 후)에는 우리가 매일 아침저녁으로 보는 거울과 우리가 입는 옷들 중 일부는 인터넷에 연결되며 디지털화되는 것이 보편화될 것이다. 5년 전만 해도 자동차 블랙박스는 사치품이자 쓸데없는 물건이라 생각했지만, 지금은 선택이 아닌 필수가 되어가고 있는 것처럼, 사물 인터넷 역시 과장이 아닌 당연한 것이 될 것이다.

● 수직통합하는 C-P-N-T에 대한 이해

Contents, Platform, Network, Terminal은 서로 분리된 사업 영역이었다. 이 4가지 사업군은 서로 별개로 분업화하여 시장을 개척해왔다. 하지만 디지털 기술이 고도화되고 컨버전스 산업(융합 비즈니스)이 보편화되면서 영역 구분이 모호해져가고 있다. 특히 세계의 생산 공장이라 부르는 중국과 모든 부품을 구할 수 있는 대만, 저가 고급 기술 인력을 수급할 수 있는 인도 덕분에 하드웨어(Terminal)를 제조하고 양산하는 진입장벽이 낮아지고 있다. 또한, 망중립성과 함께 어디서나 저렴한 비용으로 네트워크에 접근할 수 있게 되고, 다양한 오픈소스 덕분에 플랫폼의 구축도 쉬워지고 있다. 수많은 단말기의 등장과 함께 N스크린이 보편화되면서 콘텐츠 역시 어디서든 접근이 가능해지고 있다. 그렇다 보니 작은 기업들도 C-P-N-T를 아우르는 상품을 만들 수 있는 기회가 커지고 있다. 직접 제조에 뛰어드는 기업들이 많아진 것도 디지털 기반의 사물통신 시대에 접어들며 서비스와 완전하게 통합된 기기를 제공함으로써 사용자 편의와 새로운 부가가치를 창출할 수 있는 기회를 만들기 위함이다. 또한, 특정 플랫폼이나 기업에 종속되지 않기 위해서라도 작지만 다양한 고유 플랫폼을 만들어 니치 마켓을 개척해야 한다. 물론 이렇게 구축된 작은 플랫폼은 서로 간에 연대함으로써 거대한 플랫폼에 맞서 싸울 수 있는 시스템을 구축해야 한다.

원숭이 꽃신의 딜레마에 빠지지 않는 법

한 플랫폼의 지배력이 너무 커져 그것에 종속되면 그 플랫폼에 문제가 발생하거나 정책이 바뀌면 우리의 서비스가 좌지우지될 수 있다. 이러한 상황을 설명하는 '원숭이 꽃신'이라는 이솝우화가 있다.

어느 날 오소리가 원숭이를 찾아와 꽃신을 공짜로 선물한다. 원숭이는 그 동안 신발을 신지 않고 살아왔는데 오소리가 갖은 아양을 떨며 친하게 지내자고 선물한 꽃신을 물리칠 수 없어서 신고 다닌다. 처음에는 다소 불편했지만 신다 보니 뾰족한 돌멩이가 많은 숲속을 편하게 걸을 수 있어서 내심 편했다. 시간이 흘러 오소리가 다시 찾아와 꽃신을 잘 신고 있냐며 묻고 두 번째 꽃신도 무료로 선물한다. 마침 꽃신이 헤져가던 터라 원숭이는 고맙게 생각하고 성의로 잣을 10개 준다고 하지만 오소리는 극구 사양을 한다. 시간이 흘러 꽃신이 다 해어져 신을 수 없자 원숭이는 오소리를 찾아가 꽃신을 달라고 하는데, 오소리는 이제부터는 무료는 곤란하다고 한다. 잣 5개 정도만 내고 꽃신을 사 신은 원숭이는 꽃신이 해질 때마다 오소리를 찾게 되고, 오소리는 10개, 100개의 잣을 달라며 갈수록 꽃신의 가격을 올린다. 꽃신을 신다 보니 맨발로 다닐 때 생겼던 굳은살이 사라져 꽃신을 신지 않고는 발이 아파 다닐 수 없게 된 원숭이는, 천정부지로 치솟은 꽃신 가격을 어쩔 수 없이 지불하며 오소리의 종이 되고 만다.

실제, 구글과 애플의 결제 정책은 오소리의 꽃신과 같다. 구글은 애플보다 뒤늦게 시작한 안드로이드 플랫폼에 좀 더 많은 개발사들을 유혹하기 위해 구글 플레이에서의 개발사 수익에 대해서 수수료를 한 푼도 걷지 않는 정책을 초반에 고수했다. 하지만 시간이 흐르면서 구글은 애플처럼 30%의 수수료를 요구했고, 더 나아가 구글 플레이에서 판매되는 디지털 콘텐츠는 반드시 구글의 결제를 이용해야만 하는 것으로 정책 수정을 했다. 애플 역시 구글과 마찬가지로 앱스토어 내 결제는 애플의 결제를 따르게 하고 있다. 또한, 앱 내에서의 아이템과 콘텐츠 결제에 있어서도 자체 결제를 이용함으로써 수수료를 지불하게끔 하고 있다. 그런 이유로 카카오톡이나 멜론과 같은 디지털 콘텐츠 유통 서비스를 자체적으로 제공하고 있는 스마트폰 앱들은 결제와 관련된 부분에서 구글과 애플의 눈치를 보지 않을 수 없다. 그들의 기침 한 번으로 회사 수익의 상당 부분이 좌지우지되기 때문이다.

특히 애플 스토어와 구글 플레이에는 음악, 영화, 책, 잡지, 신문, 그리고 앱 등의 수많은 디지털 콘텐츠를 유통하는 서비스가 기본 탑재되어 있다. 애플과 구글이 자신들이 제공하는 서비스와 경쟁하는 타사의 모바일 서비스를 곱게 봐줄 리 없다. 이러한 싸움은 플랫폼 기업 간에도 벌어진다. 애플은 2012년 9월 iOS 6를 발표하면서 그간 아이폰의 기본 지도 서비스이던 구글 맵을 제거하고 애플이 직접 만든 지도로 교체했다. 또한, 기본 앱으로 탑재되던 유투브 역시 삭제해버렸다. 안드로이드를 개발한 구글을 더 이상 친구로 생각하지 않고 구글의 영향력을 아이폰에서 없애기 위한 특단의 조치인 것이다.

삼성전자와 SKT 역시 마찬가지이다. 삼성전자는 아이폰 대항마로 옴니아를 출시하고, 이후 갤럭시S 등을 출시하면서 국내 주요 인터넷 서비스사들의 앱을 기본 탑재하여 제공했다. 네이버 앱, 다음 앱, 다음 지도, TV 팟 등의 서비스들이 삼성전자의 스마트폰에 기본으로 탑재되어 제공되었다. 하지만 갤럭시S 2가 자리 잡기 시작하면서 더 이상 이러한 앱을 기본으로 탑재하지 않고 자사의 주요 서비스들을 기본으로 탑재하고 있다. SKT 등의 통신사 역시 자사 고객들 대상으로 판매하는 안드로이드 폰에는 자사와 자회사들의 서비스들로 채워 넣어 플랫폼 지배력을 기반으로 서비스 영향력 획득을 꾀하고 있다.

결국 플랫폼의 지배력이 공고해져 확고한 1위로 자리 매김하면 자사의 서비스들로 수직 계열화하기 마련이다. 그러므로 서비스를 만드는 기업은 플랫폼 기업과의 제휴를 단기적인 이해관계에 의한 적과의 동침이라 생각해야 한다. 결국 최후에 이기기 위해서는 자사 서비스와 상품에 대한 로열티 있는 사용자를 확고히 확보하는 것이다. 플랫폼과의 밀월 관계만 믿고 그에 의존해서는 결국 오소리의 유혹에 넘어간 원숭이처럼 된다.

그렇다고 방어적인 사업 태도로 일관해 독자적인 사업을 추진해서도 안 된다. 만일 삼성전자가 구글의 안드로이드와 동침하지 않았다면 지금의 스마트폰 시장에서 우뚝 설 수 없었을 것이다. 삼성전자가 탈 안드로이드 기반으로 바다 OS를 개발하고, 다시 또 타이젠에 투자를 게을리하지 않는 것은 헤게모니의 주도권을 잃지 않기 위한 노력이다. 타이밍에 따라 적과의 동침, 친구와의 전쟁을 각오할 수 있어야 한다. 현재 가지고 있는 자원과 수익에 안주하지 말고 신 성장 동력을 지속적으로 발견하기 위한 혁신에 나서지 않으면 곳간은 금세 비워질 것이다. 무한 경쟁의 시대에 친구가 적으로 돌변해 곳간 속 쌀가마니를 훔쳐 갈 수 있기 때문이다.

● 사회 마비 현상이 올 수도 있다

2013년 2월 8일 미국의 주요 인터넷 서비스인 CNN, 옐프, 훌루, 핀터레스트, 위싱턴포스트, NBC뉴스닷컴 등을 연결하면 페이스북 사이트로

강제 접속되며 에러가 표시되는 오류가 발생했다. 이 오류의 원인은 페이스북이 제공하는 페이스북 커넥트에 오류가 발생하면서 야기된 문제이다. 페이스북 커넥트는 제3의 사이트에서 페이스북 계정을 이용해 로그인할 수 있도록 한 OAuth 기능의 하나이다. 페이스북에서 제공되는 API의 문제로 인하여 수백 개 이상의 사이트가 정상적으로 동작되지 않는 오류가 발생한 것은 그만큼 페이스북이 인터넷 환경에 얼마나 큰 영향을 미치고 있는지를 보여준다. 그런데 서비스 플랫폼 시대가 도래하고 좀 더 많은 사물들이 인터넷에 연결되면, 단순한 사이트가 아니라 기기 자체를 사용하지 못하는 심각한 문제가 발생될 수도 있다. 그러므로 거대 플랫폼을 이용하는 것은 좋지만 완전히 종속되지 않도록 해야 한다. 해당 플랫폼을 이용해 서비스의 접근성을 확보하고 마케팅과 비즈니스의 기회를 찾음과 동시에, 언제든 다른 플랫폼으로 대체 가능하게 하고 자체 서비스만으로도 독자 생존이 가능할 수 있도록 해야 한다.

지금 우리에게 필요한 것은 ICT 기반의 통합적 사고

ICT 기술로 만들어진 문명에서 생존을 넘어 성장하기 위해 필요한 것은 ICT 기술에 대한 이해와 산업을 넘나드는 통합적 사고이다. 스티브 잡스가 과학기술과 인문학의 결합에 의해 혁신 상품을 만들어냈다고 말한 것에 대해 많은 사람이 인문학 그 자체에만 집중했는데, 사실 스티브 잡스는 인문학적 소양보다는 과학기술적 사고가 강했던 사람이다. 이미 초등학교 때부터 히스키트라는 아마추어 전자공학 키트를 통해 전자제품의 작동원리를 익혔고, 고등학교 때에는 워즈니악과 블루박스라는 무료 장거리 전화를 사용할 수 있는 불법 장치를 만들기까지 했다. 그 이후에도 HP 엔지니어들과 친하게 지내며 HP에서 일을 하고, 비디오 게임 제조사 아타리라는 곳에 취업하기도 했다. 워즈니악이라는 천재 개발자가 그의 곁에서 기술적인 부분을 해결해주었지만, 스티브 잡스 또한 기술에 대한 상당한 지식을 갖추고 있었다. MS, 페이스북, 아마존, 트위터 등의 창업자들은 모두 개발자 출신이다. 또한, 미국 실리콘밸리의 인터넷 서비스 전략과 기획을 수립하는 PM들은 대부분 엔지니어 백그라운드를 갖추고 있다.

 ICT가 0차 산업이 되어가는 상황에서 ICT 기술에 대한 이해가 없으면 디지털 생태계를 제대로 이해하지 못한다. 또한, 사업 전략이나 마케팅 전략의 수립도 어렵다. ICT를 구성하는 HW, SW, 네트워크, 그리고 서비스와 아울러 거대한 ICT 기반의 플랫폼과 생태계의 이해관계를 알아야만 그에 맞는 전략과 기획을 구상할 수 있다. 물론 직접 프로그래밍을 알고 코딩을 할 수 있을 정도로 개발에 대한 지식을 갖출 필요는 없다. (물론 갖추면 더욱 좋지만) 그러나 ICT와 관련된 업무를 맡고 있거나 ICT 기업에 종사한다면 적어도 프로그램 언어의 특장점과 데이터베이스 구조, 네트워크 시스템 등의 제반 사항에 대해 개발자들과 대화할 수 있는 수준은 되어야 한다. ICT 기업에 다니면서 이 정도를 이해하지 못하는 것은 글로벌 기업에서 영어를 못해 직장에서 도태되는 것과 같다.

그와 함께 갖춰야 하는 것은 컨버전스적 사고이다. 지금은 이미 제조사가 서비스를 제공하고(삼성전자), 서비스사가 통신을 하고(구글), 통신사가 서비스를 하고(SKT), 서비스사가 제조를 하는(아마존) 시대이다. 산업간 경계가 허물어진 만큼 산업과 직무를 넘나드는 통합적 사고를 할 수 있어야만 혁신적인 사업 전략과 기획을 구상할 수 있다. 네이버에 근무하다가 SKT로 가고, 다음에 근무하다가 삼성전자에 가고, 삼성전자에 근무하다가 다음에 가고, 한글과컴퓨터에 근무하다가 삼성전자로 갈 수 있는 시대이다. 서로 간에 영역 구분이 없기 때문에 전혀 다른 산업에 종사하는 사람들을 필요로 하는 시대이다. 이렇게 산업 구분 없이 넘나들 수 있는 인재가 디지털 시대의 인재상이다.

이렇게 ICT를 잘 알고 컨버전스형 사고를 하기 위해서는 다음의 4가지를 준수하면 된다.

1. 새롭게 출시되는 디지털 디바이스와 서비스에 관심을 가져라

경험을 통해 배우는 지식만큼 훌륭한 것도 없다. ICT를 파악하는 제일 좋은 방법은 새로운 개념의 디지털 디바이스나 새로 출시된 웹 서비스와 앱은 무조건 체험해보는 것이다. 어느 정도 비용이 지출되더라도 영어 학원 다니고 자격증 따기 위해 투자하는 비용과 비교해 더 큰 가치를 만들어낼 투자이다.

2. 다른 산업군의 전문지를 구독하고 세미나에 참석하라

내가 근무하는 산업이 아닌 다른 산업군에 대해서 견문을 넓혀야 한다. 타 산업군과 관련된 전문지를 구독하거나 관련된 블로그, 페이스북 그룹, 해당 분야의 전문가 트위터 등을 구독해서 탐구에 나서도록 한다. 또한, 해당 분야의 컨퍼런스나 세미나에 1년에 한두 차례 정도는 참석해서 타 산업군의 트렌드를 읽히고 인맥을 넓혀가도록 하자. 최근에는 온오프믹스(www.onoffmix.com), 위즈돔(www.wisdo.me) 등의 지식 공유, 세미나 모임 관련 정보를 제공하는 사이트가 있으니, 이런 곳을 참고해서 타 산업군에 대한 관심을 높이면 좋다.

3. 이종산업으로 이직하라

급변하는 디지털 사회 속에서 평생 직장은 옛말이 된 지 오래라 짧게는 3년, 길게는 5년마다 이직을 해야 할 때가 오기 마련이다. 더 나아가 은퇴, 명퇴 이후의 인생 2막을 준비하기 위해서라도 일부러 이직을 하는 것이 좋다. 단, 이직할 때에는 다른 산업군으로 과감히 이직하는 것이 좋다. 특히 30대에는 다양한 산업군에 대한 이해 폭을 넓히는 데 해당 산업군으로의 이직만큼 훌륭한 것이 없다. 타 산업군으로의 이직은 연봉이나 경력 관리 면에서 조금 희생이 따를 수 있지만, 10보 전진을 위한 1보 후퇴라 생각하고 결단을 내리는 용기가 필요하다. 다양한 산업에 대한 이해를 위해, 향후 세컨 라이프를 위해 필수적으로 필요한 경험이기 때문이다.

4. 다양한 경로로 정보를 습득해 통찰력을 키워라

통찰력은 세상을 객관적으로 바라볼 수 있도록 도와주는 수많은 뉴

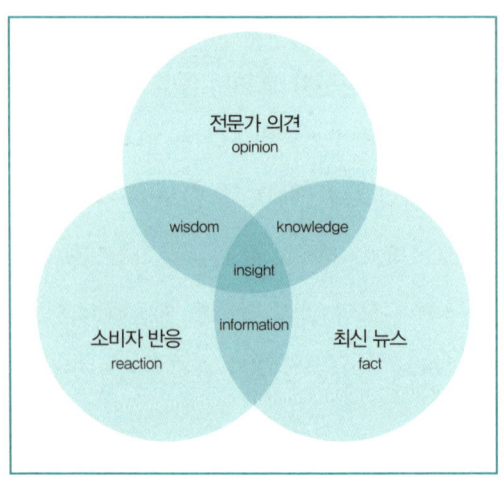

통찰력을 얻는 경로

스들과 이에 대해 식견을 가진 각계분야의 전문가들의 생각과 의견, 그리고 가장 중요한 소비자들의 반응과 관찰에 의해서 만들어진다. 인터넷 뉴스, 블로그, 페이스북과 트위터, 그리고 수많은 게시물의 댓글 등을 통해서 이 3가지를 파악하고 그간의 경험을 기반으로 취합하면 통찰력이 어느새 생기게 된다. 특히 뉴스에 대한 소비자 반응을 보면서 정보의 가치에 대해 판단할 수 있고, 뉴스에 대한 전문가들의 다양한 식견을 통해서 그들의 지식을 배울 수 있다. 그리고 전문가들의 생각에 대한 소비자들의 눈높이 반응을 통해서는 세상의 지혜를 배울 수 있다.

디지털 사용의 균형감을 유지하는 법

언제, 어디서나 인터넷에 연결할 수 있게 되면서 잃게 된 것은 집중력과 여유이다. 우리는 지하철을 기다리는 승강장에서, 친구와 담소를 나눠야 하는 커피숍에서, 회의에 집중해야 하는 회의실에서, 단잠에 빠져야 할 침대 위에서, 창가 풍경과 하늘을 바라봐야 할 버스와 길거리에서 수시로 스마트폰 화면을 바라보고 헤어 나오지 못한다. 그렇다고 스마트폰이나 PC를 담배 끊듯이 멀리하게 되면 업무의 효율성은 낮아지기 마련이니 스스로 균형감을 찾는 것이 중요하다. 연인간의 사랑에서 '밀당'이 필요한 것처럼 디지털 역시 '밀당'이 필요하다. 멀어져야 할 때 멀어질 수 있어야 하고, 가까워야 할 때 가까워질 수 있어야 한다.

거대한 ICT 플랫폼을 구축하려면 HW 제조를 기반으로 하거나(애플), OS를 이용하거나(구글), 서비스를 이용하면 된다(페이스북). 이 3가지는 스타트업을 추진하기에는 만만한 일이 아니다. 물론 그렇다고 기존에 제조, 소프트웨어, 서비스, 그리고 네트워크 등의 거대 사업을 운영하고 있던 회사가 한다고 해서 잘 할 수 있는 것도 아니다. 그나마 지금 ICT를 활용해 플랫폼 기업으로 성장해가는 곳은 나이키 플러스(나이키), 파이어OS(파이어폭스), 카카오톡(카카오) 정도이다. 이들이 새로운 ICT 기술의 변화 속에서 기회를 얻을 수 있었던 이유는 기존에 가지고 있던 것을 내려놓았거나 고정관념에서 벗어나 혁신적 사고를 했기 때문이다.

물론 이러한 변화의 조짐을 뒤늦게라도 알고 빠르게 모방하며 쫓아가는 것 또한 전략의 승리이다. 애플의 아이폰보다 뒤늦게 시장에 진출했지만 패스트 팔로우 전략으로 아이폰을 뒤쫓아가며 새로운 혁신을 만들어내고 있는(패블릿, 스타일러스 펜 등) 삼성전자 갤럭시S 시리즈나 카카오톡보다 늦었지만 전 세계에서 카카오톡보다 많은 사용자를 확보하며 시장을 개척하고 있는 네이버 라인 등은 전형적인 모방 전략으로 승부했다. 하지만 단순 모방이 아닌 빠른 모방과 더 큰 혁신이 있었기에 시장 선점은 못했지만 1위를 충분히 위협하며 1위로 포지셔닝할 수 있는 기회를 얻을 수 있었던 것이다.

결국 시장 선점이나 모방 전략이나 중요한 것은 실행의 속도이다. ICT 기술 변화 속에서 이길 수 있는 최고의 전략은 지속적인 실행 속도이다. 선점을 했더라도 모방을 해오는 경쟁자를 앞서기 위해 다시 더 빨리 혁신을 해야 하며, 뒤늦게 진출했어도 1위를 위협할 만큼 빠르게 모방하고 더 큰 혁신으로 차별화할 수 있어야 한다. 지금 탁상에 앉아 논쟁과 토론만 하고 매번 의사결정을 미루고 있다면 어딘가에서 열심히 손발을 움직이며 실행하고 있는 경쟁자들과 싸워 이길 수 없다. 아무 것도 하지 않은 채 성공 가능성을 가늠하며 확률을 계산하는 회의만 하고 있는 것보다 비록 실패를 감수하고라도 실행을 하는 것이 궁극적으로는 성공 확률을 높이는 것이다. 아무것도 하지 않아 실패하지 않는 것보다 무엇이라도 하고 실패하는 것이 향후 성공의 시금석이 된다.

일례로 한국에 아이폰이 나오기 전 웹에서 시장 지배를 하고 있던 다음은 가장 먼저 모바일 서비스에 대응하며 다음 지도, TV팟, 다음 앱 등의 모바일 서비스를 제공하며 선점을 했다. 반면 네이버는 뒤늦게 모바일을 시작했지만 과감한 인적 자원을 투자하며 모바일에 집중해 라인, 네이버 앱, 밴드 등을 성공시키며 빠르게 시장 잠식을 해나

갔다. 더 나아가 네이버는 2013년 3월 캠프 모바일이라는 회사를 분사해서 모바일 전담 조직을 구축해 좀 더 공격적인 모바일 사업을 추진하고 있다. 또한 SK텔레콤은 SK컴즈와 별도로 SK플래닛을 만들고 SK마케팅앤캠퍼니와 합병을 하고 T스토어, T맵, 11번가, 멜론 등의 다양한 SK텔레콤 내 주요 서비스를 일원화된 조직에서 운영하도록 하면서 일사불란한 모바일 전략 대응을 하고 있다. 반면 카카오톡은 독보적인 모바일 메신저 시장에서의 트래픽을 기반으로 외부 파트너사들과의 협력을 통해 상생할 수 있는 사업 전략을 추구하고 있다. 다양한 방식으로 각자가 가진 기업의 DNA와 자원, 문화 기반에 맞춰 독특한 전략들을 추구하고 있다. 그 모든 것의 공통점에는 빠른 실행을 위한 조직 구성이 있다.

또한, 거대한 플랫폼은 완전한 생태계를 구축하는 것만큼 많은 사회적 노력이 필요한 것이기도 하다. 미국 실리콘밸리에서 끝없는 혁신이 이어지고 다양한 플랫폼들이 계속 생산되는 가장 큰 이유는 자유로운 정보 공유의 장이 만들어지기 때문이다. 기존의 플랫폼을 만든 사람들, 새로운 플랫폼을 꿈꾸는 사람들, 그리고 그 플랫폼과 연계한 서비스를 만드는 사람들이 다양한 경로(세미나, 컨퍼런스, 모임, 회의 등)를 통해서 의견을 교류하고 생각을 나누기 때문에 더 나은 혁신이 이루어질 수 있다. 기업 보안과 전략 노출의 위험을 두려워해 가진 것을 꽁꽁 숨기고 외부와 교류하지 않으면 플랫폼의 가장 중요한 성공 키워드인 오픈, 개방의 속성과 멀어진 유아독존의 플랫폼이 만들어지게 된다. 플랫폼은 태생 자체가 개방, 공개, 상생을 기반으로 하기 때문에 전략을 구상할 때부터 다양한 외부의 생각과 의견을 수렴할 수 있어야 한다.

물론 성공 플랫폼을 구축하는 것은 상당한 투자와 운이 필요한 만큼 모든 기업과 개인이 플랫폼 그 자체를 만들어야 한다는 고정관념을 가질 필요는 없다. 로켓처럼 빠르게 성장하는 플랫폼이 있다면 그 플랫폼 위에 서비스나 상품을 만들어 이용할 생각을 해야 한다. 가진 기술과 자원을 고려해서 독립 플랫폼을 꿈꿀지, 작은 서비스로 만족할지 결정해야 한다. 그렇게 하기 위해서라도 서로의 생각과 경험을 나누고, 합하고, 비벼서 융합의 꽃을 피울 수 있도록 해야 한다.

:: 부록

2014년까지의
ICT 10대 핵심 키워드

ICT 기술의 가속도는 중력 가속도를 초월할 만큼 빠르다. 시간이 흐를수록 이 가속도는 더욱 더 빨라진다. PC가 1993년 약 300만 대에서 1,000만 대까지 보급되는 데 약 7년 넘게 걸린 데 반하여, 스마트폰은 2009년 말부터 시작되어 1년 6개월도 채 걸리지 않았다. PC를 기반으로 한 웹 비즈니스가 시장에 안착하는 데 걸린 시간 역시 스마트폰 기반의 모바일 비즈니스와 비교하면 큰 차이가 난다. 2002년 10월에 시작된 네이버 지식인의 성장 곡선과 2010년 3월 시작된 카카오톡의 성장곡선을 비교하면 그 차이를 실감할 수 있다. 변화의 최고 정점이었던 2012년을 지나 2013년 이후 ICT 환경은 어떻게 변화하게 될까?

전체적으로 모바일 시장은 2010년 PC 다음의 Mobile Second에서,

2012년 Mobile Shift, 2013년 Mobile First, 2014년 Mobile Centric 으로 성숙해갈 것이다. 단, 안드로이드 지배력이 공고히 되면서 이에 대한 부담을 느낀 제조사나 통신사들이 연합해 탈 안드로이드 기반으로 HTML5 기반의 웹OS에 대한 투자와 영향력을 서서히 강화할 것이다. 또한, PC를 태블릿이 빠르게 대체하면서 같은 OS를 사용하는 스마트폰과 태블릿을 기반으로 클라우드 기반의 서비스들이 주목을 받을 것이다. 이는 기업 시장에도 영향을 주어 스마트워크를 넘어 BYOD(Bring Your On Device)가 등장해 개인이 사용하는 일반 디바이스에서도 회사 업무를 보는 것이 당연시될 것이다. 또한, 스마트TV의 보급이 빠르게 확산되면서 점차 집안의 백색가전과 액세서리형 디바이스들이 네트워크와 스마트폰에 연결되는 것이 자연스러워질 것이다.

1. 제조사, 통신사의 서비스 도전과 서비스사의 플랫폼 도전

구글은 2011년 8월 모토로라모빌리티를 인수했다. 그리고 극비리에 인수한 모토로라와 X폰이라는 프로젝트를 추진해 애플의 아이폰과 같은 구글의 안드로이드에 최적으로 동작되는 스마트폰을 출시한다. 안드로이드 연합군이 해체되는 셈이다. 삼성전자가 그간 안드로이드만 믿지 않고 바다라는 OS를 직접 개발하고, 인텔과 타이젠이라는 모바일 OS를 구상한 것은 구글만 믿을 수 없기 때문이다. 이제 구글은 안드로이드를 굳이 제조사에 완전 개방할 필요가 없어졌다. 모토로라를 통해 하드웨어를 직접 개발할 수 있는 만큼 안드로이드를 자사의 하드웨어에 최적화해서 제공하면서 시장 지배력을 더욱 공고히 할 것이다.

이미 구글 이전부터 아마존은 서비스 지배력을 기반으로 전자책과 태블릿 사업을 추진해왔고, 스마트폰까지 도전해갈 것이다. 페이스북 역시 같은 전철을 밟을 것이다. 서비스 기업이 자사 서비스와 완벽한 궁합을 이루는 하드웨어를 만드는 것은 정해진 수순이었다.

물론 제조사와 통신사 역시 거꾸로 서비스에 대한 도전을 끝없이 추진할 것이다. 이미 삼성전자는 MSC 조직을 통해서 챗온부터 다양한 서비스 플랫폼을 개발해왔다. SK텔레콤은 모바일 시대를 맞아 SK플래닛에 자사 서비스를 집중시키며 서비스 영향력을 꾀하고 있다. SK플래닛은 LBS(T맵), 전자상거래(11번가), MIM(틱톡 플러스), 콘텐츠 유통 플랫폼(T스토어), 미디어 서비스(호핀과 멜론) 등을 기반으로 서비스 지배력을 확대해가고 있다.

향후 ICT 환경은 하드웨어와 소프트웨어가 통합되는 플랫폼을 기반으로 서비스의 지배력이 커져갈 것이다. 그와 동시에 산업간 경계가 허물어지며 제조사, 통신사, 서비스 기업 간의 무한 경쟁이 치열해질 것이다. 그 경쟁에서 글로벌을 대상으로 한 규모 있는 기업들의 독식이 커져갈 것으로 예상된다.

2. 활활 날아오를 모바일 BM

2012년 스마트폰 보급대수는 대한민국 인구의 70%를 넘어서고, 하루 1,000만 UV 이상의 트래픽을 확보한 모바일 서비스들이 등장하며 PC 기반의 웹 서비스들보다 더 많은 시간 점유율을 확보했다. 이렇게 확보된 트래픽을 기반으로 다양한 모바일 비즈니스 모델이 시도되고 있다.

2012년 네이버의 모바일 검색 매출은 약 1,200억 원(전체 검색 매출의 약 10% 가량)에 육박할 것으로 예상했다. 국내 모바일 디스플레이 광고 시장의 점유율을 50%가량 차지하는 다음의 아담은 2013년 연매출 500억 원을 목표로 하고 있다. 카카오톡은 지난 10월 카카오톡을 통해 중계되는 게임 매출이 400억 원을 돌파했다. 이 매출 전부가 카카오톡의 수익은 아니지만, 플러스친구와 선물하기, 이모티콘, 카카오페이지 등의 다양한 매출원들을 합하면 적어도 순매출은 이미 월 100억 원은 훌쩍 넘을 것이다.

2013년 ICT 최대의 화두는 모바일 비즈니스 모델의 성과이다. 연 1,000억 원을 훌쩍 넘는 모바일 전문 기업들이 다양해지면서 모바일 산업을 기반으로 한 다양한 연계 산업들도 성장하는 원년이 될 것이다. 그리고 2014년 이후부터는 모바일 서비스 트래픽과 비즈니스 규모가 PC 웹을 앞서면서 더 성장해갈 것이다.

3. PC의 추락, 3번째 스크린의 성장

국내 태블릿 시장은 아직 200만 대가 보급되지 않은 설익은 상태다. 하지만 아이패드 미니, 저렴한 가격의 태블릿, MS의 윈도우8을 기반으로 한 서피스 등의 등장과 함께 2013년은 태블릿이 본격 성장하는 한 해가 될 것이다. 즉, Post PC 시대에 발맞춰 태블릿이 급속히 PC를 대체해갈 것이다.

국내에서는 연간 컴퓨터가 500만 대 정도 판매되는데, 태블릿의 성장과 함께 컴퓨터 판매대수가 크게 위협받고 있다. 2013년 태블릿이 본격적으로 보급되기 시작하면 컴퓨터(노트북)의 판매대수는 크게 줄어들면서 점차 태블릿이 Post PC로서 자리매김하게 될 것이다.

2013년 태블릿이 500만 대 가량 보급되는 원년이 되면 점차 태블릿 기반의 산업이 2년 전 스마트폰 시장처럼 태동하기 시작할 것이다. PC-웹, 스마트폰-앱과 달리 태블릿은 웹과 앱이 혼용된 UX가 특징이라 새로운 킬러앱과 비즈니스 모델은 물론 기존 PC 기반의 웹 서비스와 비즈니스의 대체재로서 영향력이 확대되어갈 것이다.

4. 디지털 콘텐츠 유통 시장의 원년

스마트폰의 성장과 함께 디지털 콘텐츠를 유통하는 스토어(앱스토어, 구글 플레이, 아이튠즈, 아이북스 등)와 방송과 VOD 등을 유통하는 앱(pooq, tving 등)이 주목받고 있다. PC와 인터넷의 성장과 함께 웹이 활성화되면서 최대 수혜주는 포털(네이버와 다음)과 전자상거래(지마켓과 인터파크)였다. 이들의 기본적인 비즈니스 모델은 광고와 현물 중계 수수료이다. 반면 스마트폰이 조성한 시장에서는 디지털 콘텐츠의 유통을 통한 수수료가 핵심 수익모델이다.

앱과 게임을 넘어 음악과 영상 그리고 전자책과 디지털 매거진 등의 다양한 디지털 콘텐츠를 유통하는 비즈니스가 스마트폰, 더 나아가 태블릿과 함께 크게 성장할 것이다. 이 디지털 유통 시장을 장악하기 위한 플랫폼 기업(애플, 구글), 통신사(SKT, KT), 제조사(삼성전자), 그리고 포털(네이버), 방송사(공중파, 케이블SO 등), 서비스 기업(카카오톡, 예스24, 멜론, 리디북스 등)의 승부가 본격화될 것이다.

5. TV의 스마트한 변신

2013년에는 PC보다 오랜 시간 가정의 주력 매체였던 TV가 본격적인 기지개를 켜기 시작할 것이다. 미국에서는 구글과 애플의 TV가 기존 제품의 단점과 아쉬움을 극복하며 새롭게 조명받고 있고, 한국에서는 통신사의 IPTV가 스마트한 변신을 시작할 것이다. 그와 함께 제조사의 스마트TV 역시 한국 시장 특성에 맞게 개선을 거듭해갈 것이다. 600만 이상의 가입자수를 가진 IPTV는 기존 사용자 저변을 기반으로 기존 IPTV STB(셋톱박스)를 스마트TV STB로 교체해가면서 PC와 스마트폰을 닮은 TV로 스마트한 혁신을 시작할 것이다. 또한, 무엇보다 IPTV와 스마트TV 때문에 갈수록 설 자리가 사라져 가는 케이블SO의 스마트한 변신이 본격화될 것이다.

이러한 TV의 혁신 속에서 새로운 TV와 관련된 산업이 도약하게 될 전망이다. 기존 방송에서 제공되던 CF, PPL 광고를 넘어, 스마트TV에 어울리는 인터넷 기반의 인터랙티브한 스마트TV 광고 솔루션과 TV에서의 VOD 콘텐츠 유료 모델이 크게 주목받게 될 것이다. 그와 함께 스마트TV와 어울리는 소셜TV 기반의 킬러앱들도 새로운 서비스로 급부상할 것이다. 세컨드 스크린인 스마트폰, 태블릿 등에서 시청 중인 TV와 관련한 부가 콘텐츠와 서비스를 즐길 수 있도록 해주는 새로운 시청 체험이 주목받을 것이다.

6. 사물통신 시대의 진입

스마트폰 이후 다양한 사물들이 인터넷에 연결되고 사물 간에 통신을 하는 유비쿼터스 시대가 오고 있다고 말한 바 있다. 이를 위한 다양한 시도가 펼쳐질 해가 바로 2013년일 것이다. 애플의 시계, 구글의 안경과 같이 다양한 제조사, 서비스 업체에서 기존 사물에 인터넷을 연동하는 시도들이 이루어질 것이다. 미국에서는 이미 2012년부터 디지털 만보계나 완구 등에 인터넷을 연결하는 것을 시도하고 있으며, 1~2년 내 사물통신 기반의 기술 플랫폼과 그에 맞는 서비스와 비즈니스에 대한 시도가 다양하게 전개될 것이다. 그에 비해 한국은 아직 해당 시장에 대한 준비가 덜 되어 있는 것은 사실이다.

하지만 한국은 시장 규모는 작지만 전통적으로 네트워크 인프라와 하드웨어 제조 기술이 우수해 해외에서의 관련 산업이 주목받을 때 빠르게 존재감을 드러낼 수 있어, 사물통신 산업에 대해 정부 주도의 다양한 시도가 전개될 것이다. 일반 사용자 시장에 표면적으로 드러나 보이진 않지만 제조사와 통신사, 그리고 기술 기반의 중소기업 등을 중심으로 다양한 연구개발이 시도될 것으로 예상된다.

7. 소셜의 영향력 강화

스마트폰 시대를 맞이해 가장 주목받은 서비스를 손에 꼽는다면 SNS, MIM, LBS, 그리고 모바일 게임이다. 이중 SNS와 LBS는 플랫폼이 되어 다른 서비스들과 연계하면서 꾸준히 성장하고 있다. 마치 웹에서 검색이 다른 웹 사이트들과 연계되면서 웹 상의 모든 페이지를 만나려면 검색을 경유해야만 하는 것처럼, SNS 역시 모바일 앱의 중요한 플랫폼이 되고 있다. 웬만한 앱에서는 페이스북과 트위터의 계정을 이용해 로그인을 하고, SNS 친구들과 연동해서 사용하는 것이 기본적인 기능이 되었다.

그만큼 SNS는 검색보다 더 중요한 기반 서비스 플랫폼이 되어가고 있다. 2013년부터 SNS는 모네타이징을 본격화하면서 비즈니스적인 성과를 보여줄 것이고 더 나아가 웹의 검색이 성장한 것처럼 그 영향력이 더욱 커져갈 것이다. 검색에 노출되지 않으면 웹에서 주목받을 수 없는 것처럼 SNS(페이스북과 트위터)에 연동되지 않으면 앱이 주목받지 못하게 될 것이다. 그런 SNS의 영역에 카카오톡과 같은 MIM도 본격 진출하면서, SMS와 메일이 동반 성장했던 것처럼 SNS와 MIM도 동반 성장해갈 것이다.

또한, 글로벌 서비스인 페이스북과 트위터 외에 한국 시장의 특성에 맞는 버티컬 SNS가 고개를 들기 시작할 것이다. 이미 카카오톡을 기반으로 카카오스토리가 크게 성장했으며 모바일 카페로 자리매김해가는 다음의 캠프와 네이버의 밴드 같은 한국 특성에 맞는 토종 SNS가 주목을 받게 될 것이다.

8. 데이터 사이언스 업무의 역할 증대

개인이 사용하는 디지털 디바이스가 늘어가고, 무선 인터넷을 지원하는 디바이스가 늘어가면서 PC보다 더 많은 데이터들이 쌓여갈 것이다. 이렇게 방대해진 빅데이터를 효과적으로 분석하는 기술과 이를 비즈니스 모델화하는 시도가 늘어날 텐데, 이때 필요한 것이 데이터를 분석하는 DATA scientist이다. 비단 ICT 기업에서만 필요로 하는 것이 아니다. 금융, 유통, 제조, 더 나아가 국가 정보기관과 보안업체 등 사회의 각 기업에서 데이터 분석가들의 업무 역할이 증대될 것이다.

이는 스마트폰과 사물통신의 보급으로 인하여 현실계에서 가상계에 연결되어 있는 시간이 많아지면서 온라인에 쌓여가는 데이터를 기반으로 현실에서 벌어지는 일들을 추적하고 미래를 예측할 수 있는 가능성이 더 높아지기 때문이다. 사이버 범죄는 물론 오프라인에서 벌어진 범죄까지도 온라인에 쌓여있는 데이터를 분석해서 찾고, 심지어 예방까지도 할 수 있을 것으로 기대된다. 컴퓨터와 스마트폰에서 포털로 검색한 검색어만 뒤져도 범죄자의 앞으로의 행동을 유추할 수 있는 세상이다.

9. 클라우드와 HTML5의 확대

인터넷에 연결되는 기기가 많아지고 파편화될수록 필요한 것은 웹과 클라우드이다. 웹은 공기처럼 어디에서든 존재하고, 클라우드는 물처럼 어디든 흘러갈 수 있다. HTML로 구성된 페이지는 MS워드나 한글로 문서 작성을 하는 것처럼 큰 비용을 들이지 않고도 개발할 수 있으며 유지비용이 많이 들지 않는다. 게다가 그렇게 만들어진 HTML 페이지는 웹 브라우저가 설치된 기기에서는 디바이스의 파편화와 무관하게 볼 수 있다. 컴퓨터, 맥, 아이폰, 안드로이드폰, 블랙베리, 노키아, 그리고 태블릿과 아이패드, 대부분의 스마트TV에서 웹은 연결 가능하다. 그런 웹이 HTML5로 거듭나면서 앱의 UX를 부분 흉내 낼 수 있어 웹의 영향력은 더욱 확대될 것이다.

디바이스가 늘어가자 사용자 입장에서는 어떤 디바이스에서든 상관없이 동일한 사용자 체험을 하는 것이 중요하게 되었다. 각 디바이스의 사양과 플랫폼 특성이 다르면 기기의 사용법을 익히는 데 들어가는 기회비용도 커지는 법이다. PC 사용자가 맥을 쉽게 사용하지 못하고, 안드로이드폰 사용자가 아이폰을 사용하기 어려우면, 디바이스가 늘어갈수록 사용자의 서부감도 커지기 마련이다. 이런 문제를 해결해주는 것은 동일한 사용자 체험을 제공하는 클라우드와 가상화 기술인 VM이다. 2~3년 지나면서 이들 기술이 보편화되면 플랫폼이 달라도 서비스를 동일한 사용자 체험으로 이용할 수 있게 될 것이다.

10. 교육시장에서의 전자책 보급

가정이나 기업 등에서의 전자책은 태블릿의 앱의 형태로 수렴되겠지만, 초중고교와 대학교의 수업을 위한 전자책은 태블릿처럼 고사양, 고전력, 고가의 제품이 아닌 전자잉크를 기반으로 한 저렴한 디바이스로 형성될 것이다. 가정에서는 중소형 자동차를 사용하지만 학교에서는 스쿨버스가 사용되는 것처럼, 태블릿과 전자책은 비슷한 용도이지만 분리된 시장으로 존재해갈 것이다. 마치 교복처럼 별도로 공급되는 저렴한 가격의 전자책이 전자 교과서로 애용될 것이다.